跨文化背景下
大学英语教学研究

王小飒 ◎ 著

吉林出版集团股份有限公司

图书在版编目（CIP）数据

跨文化背景下大学英语教学研究 / 王小飒著 . 一 长春 : 吉林出版集团股份有限公司，2022.4

ISBN 978-7-5731-1404-4

Ⅰ . ①跨… Ⅱ . ①王… Ⅲ . ①英语－教学研究－高等学校 Ⅳ . ①H319.3

中国版本图书馆 CIP 数据核字（2022）第 055582 号

跨文化背景下大学英语教学研究

著　　者	王小飒	
责任编辑	郭亚维	
封面设计	林　吉	
开　　本	787mm×1092mm　　1/16	
字　　数	200 千	
印　　张	9.25	
版　　次	2022 年 4 月第 1 版	
印　　次	2022 年 4 月第 1 次印刷	
出版发行	吉林出版集团股份有限公司	
电　　话	总编办：010-63109269	
	发行部：010-63109269	
印　　刷	北京宝莲鸿图科技有限公司	

ISBN 978-7-5731-1404-4　　　　　　　　　　定价：68.00 元

前　言

在国际交流中，不同文化背景的人往往缺乏对异族文化的理解，这就可能导致交流上的误解，从而影响正常的交流。随着改革开放的深入，中国的综合国力不断增强，国际交流越来越多，国家需要的是对世界和外国文化有着深刻理解的英语学习者。这就要求在大学英语教学中强调跨文化教育的重要性，并将其提高到适当的高度，使学生在实际交流中具有多文化包容性。

在传统英语教学中一般只强调语言知识和技能，因而教学活动则相对无聊。如果在大学英语教学中增加文化差异和跨文化交际知识，就可以丰富大学英语教学课程，从而提高学生的学习积极性和主动性。因此，英语教师在教学的过程中，应该能够结合语法、单词句子和跨文化教学，并通过使用不同地区的教材和实例，传授不同国家的文化、音乐、艺术、方言、礼仪、建筑和习俗等。教师应通过跨文化知识输入，改变中国学生说"中式英语"的问题，并且进一步培养学生的英语思维能力。大学英语教师应该主动认识到跨文化交际能力在教学中的重要性。同时，他们需要选择合适的教学方法以提高学生的综合素质。

在教学过程中，随着教师对语言的语义比较的不同，学生的跨文化意识逐步被培养起来。由于中西方国家之间的文化差异，人们的思维方式可能不一致。如果文化差异被忽略，人们很可能会违反文化规范，让其他人感到不舒服，因为文化冲突会影响交际效果从而进一步引起不同程度的误解和敌意。在语言学习过程中，我们应充分重视文化背景对语言的影响，通过对文化和历史传统的理解形成正确的跨文化交际能力。

语言是一种沟通的工具，它的主要用途是交流，因此，在某种程度上来说，一个人的沟通能力是衡量他的英语水平的一个标准。因此，在日常的教学活动中，应该培养学生的交际能力并给予足够的重视，从而使学生了解相关语言所在国的文化。同时，学生应该根据主题、语境、文化背景适当地使用语言，这不仅是教科书中实施的交际教学原则的需要，也是国际交流的迫切需要。

编　者

目　录

第一章　跨文化与语用基础

第一节　语用学的由来

一、中国语用学哲学思想

哲学是语言学的摇篮，语言学的许多思想都与哲学息息相关。纵观哲学的发展历程，它经历了三次重大的转向：本体论转向、认识论转向和语言转向。语言转向把对主体研究从心理学领域，如观念、思想转移到了语言领域中的语句和意义，如哲学家维特根斯坦、奥斯汀、塞尔和格赖斯等就是运用语言分析来解决哲学问题。当语言学运用哲学，尤其是以维特根斯坦、奥斯汀、塞尔、格赖斯、皮尔士以及莫里斯的思想来解决语言问题时，就出现了语言学中的"语用转向"。当语用学运用认知科学以及认知心理学的观点来研究语用问题时，就出现了语用学中的"认知转向"。语用转向是由维特根斯坦和奥斯汀发起的，而认知转向在格赖斯的意义和交际理论中已显现。中国哲学没有经历西方的哲学转向中的第一和第二阶段而直接进入了第三阶段的语言学转向。陈宗明编的《中国语用学思想》找寻出了中国语用学思想的发展脉络，建构了中国语用学思想的理论框架，开创了一门新学科——中国语用学思想史。《易经》和诸思想家及其著作的语用学思想，或以人为主，分述其思想，或以专题为主，穿插其人物；第八至第九章论述文论、训诂学的语用学思想，上自《诗经》《左传》，下至陈望道、钱钟书诸先生的著作，上下五千年，旁征博引；第十章论述佛家语用学思想。我国古代也像西方古代一样，并没有建立系统的语用学，只有一些分散的语用学思想。在当代，我国语用学思想发展迅速，内容较全面。这部书包括理论语用学研究和应用语用学研究。从史料上看，中国古代的语用学思想突出地表现为应用语用学、逻辑学语用学，关于理论语用学方面，只有零星的或个别领域的研究。

语用学思想发展与哲学语言学的发展密切相关。沙利文、钱冠连、陈宗明、俞东明、文旭、徐鹏、马涛、曾文雄、崔凤娟、苗兴伟等学者回顾了语用学的哲学思想。陈宗明等在《中国语用学思想》一书比较详细地回顾了中国古代的语用学思想的形成与发展以及当代的语用学思想。古代中国虽没有完整而系统的具有现代意义的语用学，但在我国两千几百年前的先秦时期，百家争鸣，先哲们纷纷对各种问题发表见解，当然对语言运用问题也发表了许多真知灼见。《易经》中的语用推理与"言不尽意""书不尽言"观，诸子百家的"辩学""名学""表达和释义理论"以及"谬误论"等都具有浓厚的语用学思想色彩。对语言运用时要注意语言环境的问题，孔子就曾多次提到过。例如，《论语·乡党》云："孔子于乡党，恂恂如也，似不能言者。其在宗庙朝廷，便便言，唯谨尔。"这里是指说话要注意场合。《论语·乡党》又云："朝，与下大夫言，侃侃如也；与上大夫言，誾誾如也。"这里是指说话要注意对象。《论语·季氏》云："言未及而言谓之躁；言及之而不言谓之隐；未见颜色而言谓之瞽。"这里是指说话要选择时机。对语言运用时要注意话语适量性和适当性的问题，古人多次提到过。例如，《仪礼·聘礼记》云："辞多则史，少则不达。辞苟足以达，义之至也。"

二、20世纪30年代至80年代的中国语用学研究

就语用学发展史，钱冠连教授认为，中国语用学研究正式的撰史正是时候，有学科史，则可理清线索，启发心智。张绍杰、钱冠连、何自然、沈家煊、何兆熊、文旭、况新华、谢华、徐鹏、马涛、高航、严辰松、刘根辉、曾文雄等学者对中国现代语用学思想进行了回顾。以下我们回顾19世纪早期至今的中国语用学研究与发展情况。以上论述的中国语用学哲学思想折射出我国早期的语用学思想。

20世纪早期至80年代，中国语用学研究主要是语用学理论的引进与创立期。从《马氏文通》开始，近一百年来我国的汉语学界就不断借鉴和运用西方语法理论中的某些成分来研究汉语语法，如叶斯伯森的"三品说"、结构主义语法的"分布"方法都曾被系统地用于汉语语法的描写。中国具有现代意义的语用学研究肇始于周礼全的符号学和自然语言逻辑思想。早在20世纪40年代，周礼全翻译和出版了莫里斯的《指号理论基础》和《指号、语言和行为》以及沙夫的《语义学引论》。1961年和1978年周礼全分别发表了《形式逻辑应尝试研究自然语言的具体意义》《形式逻辑和自然语言》。20世纪80年代末期，周礼全编著的《逻辑——正确思维和有效交际的理论》讨论了形式语用学、描述语用学以及应用语用学三个部分。国外语用学的兴起和发展也影响到我国对汉语的研究，特别是汉语语法的研究。这个时期，我国学者注意语用学理论的引进，直接将西方语用学论著译成中文。1979年，许国璋摘译了奥斯汀的名作《论言有所为》，概述了言语行为理论的基本观点。随后，王宗炎译评斯金纳著《言语行为》，何自然译《语用学和外语教学》，沈家煊译《语用学概观》和《语用学论题》，庄和诚译《语法学、语义学和语用学的关系》，王志译《儿童语言中的否定句：语用学的研究》，常宝儒译《言语行为理论：对各流派和倾向的概述》，袁义译《跨文化交际中的语用学》，赵斌译《"旧"语用学与"新"语用学：对一场革命的反思》，钱敏汝译《范·戴依克的话语宏观结构论》，张家骆译《语用学、言语习惯与言语语法》等。二十世纪八九十年代，一批学者把语用学论著直接译成汉语，或发表了专题文章进行评介，为国内学者提供了宝贵资料。近年来，外语教学与研究出版社和上海外

语教育出版社引进和出版了语用学论著，为国内读者了解原汁原味的国外经典的和最新的语用学理论提供了方便。有关中国语用学思想初期的研究成果与发展方向，钱冠连发表了题为《语用学在中国：起步与展望》一文，回顾了该时期的成果。自从许国璋先生摘译《论言有所为》以来，国内的语用学研究蓬勃发展。胡壮麟在《国外语言学》发表语用学文章，从语用学的对象和方法、各个语言学派对语用学的评论、语用学和其他学科的关系、语用学规则等四个方面向读者介绍了语用学，介绍了莫里斯、卡纳普、希勒尔、蒙太格、范蒂克等学者；在《各语言学派对语用学的评论》里，介绍了转换生成学派的乔姆斯基和生成语义学派的拉可夫，结构主义学派的格里莫斯，伦敦学派的马利诺夫斯基、弗斯、韩礼德，布拉格学派的布黑勒、马丁内，阿姆斯特丹学派的范蒂克、哈伯兰德和梅伊。在《语用学和其他学科的关系》里，他提到了逻辑学、句法学、语义学、遗传学和文学。继胡壮麟之后，20 世纪 80 年代陆续有倪波的《国外有关语用学的探索》、黄宏煦的《柯特哈德"话语分析导论"述评》、程雨民的《格赖斯的"会话含义"与有关的讨论》、刘保山的《几种语篇分析的理论介绍》、何兆熊的《话语分析综述》、廖秋忠的《"语义学与语用学的探索"介绍》和《语用学的原则》、花永年的《言语行为模式分析》、顾芸英的《交际能力与语用学原则》、陈平的《"话语的各个方面"述评》、庄和诚的《英语语言的礼貌等级》、刘润清的《关于 Leech 的礼貌原则》、沈家煊的《讯递和认知的相关性》、彭兴中的《话语的三种描写方式简析》、杨性义的《语义前提和语用前提》、段开成的《舍尔的言语行为理论》、戚雨村的《语用学说略》，等等。这些成果较为全面地概述了语用学的兴起和发展以及研究范围，如指示、预设、言语行为理论、合作原则和礼貌原则、会话分析等。

这个时期，一些学者注意到交际中的语用失误，并探讨这些失误与外语教学的关系。黄次栋发表了《语用学和语用错误》，用语用错误的例子考察了言语行为及其进行条件，说明这些行为在各种非语言环境下的不同应用和功能，指出必须重视言语行为的交际意义；黄次栋论证了前提关系的语义分析和语用分析及其教学意义。何自然教授 1984 年发表了《语用学的研究及其在外语教学上的意义》，分析了语用学五个方面的论题，指出了语言结构的语用意义和语用错误；1985 年发表了《模糊限制语与言语交际》，指出了模糊限制语在言语交际中的一些应用；1986 年他与阎庄合写的《中国学生在英语交际中的语用失误》，列出的汉英语用差异对教学的实用价值。许连赞的《语用学在外语教学中的应用》对提高学生外语的语用能力也有很实在的价值。在对外汉语教学方面，语用学理论也得到了应用，如美籍学者屈承熹的《语用学与汉语教学》就谈到了语用原则在汉语教学中的重要作用；常敬宇、鲁健骥等学者也讨论了语用学和汉语教学。

在翻译研究中，语用学理论也得到了具体的运用。张亚非的《试论双语翻译的语用等值》详细讨论了翻译中的语用等值问题。何自然的《汉英翻译中语用对比研究》提出了翻译语用等值的三个问题。黄金棋的《应该肯定"西译汉化"现象的积极面》论述了译文中可以在多大程度上引进语用成分的问题。在后期的研究中还有许多语用学与翻译结合研究的论述。语用学对传统修辞学的研究也产生了一定的影响，如"合作原则""关联原则"

就可以用来解释像"隐喻""讽刺""夸张"等修辞现象及其修辞效果。戚雨村的《修辞学与语用学》和《再谈修辞学与语用学》理清了修辞学与语用学之间的联系。陈晨的《语用学和修辞》以及袁毓林的《从语用学和修辞学的关系论修辞学的理论、目标、对象范围和研究角度》在这方面也做了有意义的探索。此外,程雨民、黄衍、钱冠连、何自然讨论了语言使用与意义的关系。

这个时期的语法研究也被汉语语用学界重视。20世纪80年代初,学者们开始讨论句法、语义和语用三个平面的关系。许多学者就此撰文阐述自己的观点,如范开泰、史锡尧、施关淦、范晓、胡裕树、廖秋忠、杨成凯等。但由于其研究视角的独特性,这种结合汉语语法开展的语用研究并非真正意义上的汉语语用学研究。语用学理论在汉语中的应用研究应是运用语用学的理论和方法来分析汉语语言事实,解决汉语实际问题。这方面的研究也已经取得了可喜的成果,例如范开泰、徐赳赳、施关淦、袁毓林等学者从语用角度对汉语中的省略和隐含现象进行了考察和分析;沈家煊、徐盛桓等对语用否定和含意否定问题做了较为全面的描写和讨论;王建华、程雨民、袁毓林、杨亦鸣等运用语用学理论研究汉语歧义句,部分地解决了汉语歧义问题。社科院语言所的"中国语用学研究"课题组,运用国外语用学的原理和方法研究汉语语法和语用法,部分成果收入《语用研究论集》。另外,沈家煊的研究表明语用原则可以解释汉语语法中过去难以解决的现象。也有学者从语用学的新角度考察汉语语法中常见的省略和隐含现象,对汉语歧义句的研究也开始把语用因素造成的歧义跟句法、语义层面的歧义区分开来。除以上的理论探讨外,汉语学者更多的是运用西方语用学的许多概念来分析句法、语义问题。

语用学在汉语的话题、焦点、语篇等方面的研究也有不少的成果。赵元任、朱德熙等提出了话题主语等同说,肯定话题是句子结构成分,等同于主语。不过,范开泰、陆俭明、胡裕树、范晓等学者倾向将话题和主语区别看待。曹逢甫(从语段的角度考察主题,看其如何与句法相互作用,寻找主题在语段中的主要功能。陈平的《汉语中零形回指的研究》、王福祥的《汉语话语语言学初探》、黄国文的《语篇分析概要》、屈承熹的《汉语篇章语法》以及廖秋忠发表的系列语篇文章都对汉语篇章分析提供了理据。

国内的语用形式化研究是从逻辑学和哲学领域开始的,这方面的学者以周礼全、邹崇理、蔡曙山为代表。自20世纪80年代中期起,语言学界也已经认识到开展形式语用学研究的迫切性。沈家煊指出,语用学的应用在人工智能、计算机语言处理方面将大有作为,必须在语用学的形式化手段上加强研究,创造形式语用学发展的必要条件。"中国语用学研究"课题组也专门介绍和分析了国内形势语用学研究的状况,但它的讨论没有对形式语义学与形式语用学做严格区分,实际上还包括了一部分形式语义学方面的内容。陈治安、文旭根据在第六届全国语用学研讨会上提交的论文,指出形式语用学的研究在我国几乎还是空白,呼吁加强形式语用学的研究。目前,在语用形式化研究中,吕公礼、蒋严、徐盛桓等学者做出了积极的探索。

这个时期的语用学理论得到一定程度的修正与重建。西方语用学理论是以英语为语料建立起来的，不一定具有普遍性。中国的学者要了解各种理论及其局限，发展自己的理论。如有的学者指出，"合作原则"就不适合汉语。戚雨村、徐盛桓、钱冠连、顾曰国、程雨民等学者在修正和重建理论的研究中做出了重要贡献。经历理论的引进与吸收，中国学者编著了一些语用学教材与参考书。这些教材包括何自然的《语用学概论》、何兆熊的《语用学概要》。另外，徐盛桓教授提出的含意本体论，探索了含意的本原本性问题，旨在从语言同现实之间的关系上洞察含意的本质。1983 年列文森的第一部语用学教材《语用学》主要讨论的内容有：指示词语、会话含意、预设、言语行为、会话结构。中国内地的学者一般都是承袭了列文森的思想，在他们的著作中保留了这些比较稳定的语用学研究内容，有些增加了礼貌现象的研究、有关语用学学科地位及与其他学科分界的问题。从整体来看，外语界对国外语用学理论的引介主要关注微观语用学，尤其是言语行为、会话含义和会话分析方面的理论。这段时期取得的研究成果，丰富和发展了语用学理论，并为建立汉语语用学提供了科学的理论基础和必要的理论指导。但是正如沈家煊和钱冠连等学者所指出的那样，国内的语用学理论研究基本上都是在国外语用学理论基础上进行修正和补充，还很少有原创性成果，这有待进一步加强研究。

三、20 世纪 90 年代至今的中国语用学研究

1990 年至今的中国语用学研究形成了我国语用学的迅速发展期。何自然、沈家煊、何兆熊、文旭、高航、严辰松、刘根辉等学者综述了这段时期的语用学在国内外的研究与发展。20 世纪 80 年代以来，外语界主要引介国外的微观语用学，研究的方向包括：言语行为、会话含意、关联理论、会话分析、指示、预设、礼貌现象、语用法的规约化和语法化、语用学和外语教学以及其他的研究内容。

何自然的《近年来国外语用学研究概述》介绍了英美学派和欧洲大陆学派对语用学的研究状况，其中包括社会交际语用学、跨文化语用学、语际语用学以及以"关联理论"为核心的认知语用学，基本上囊括了 20 世纪 90 年代西方语用学的研究成果。何兆熊教授在《90 年代看语用》一文中把语用学的发展分为三个阶段：20 世纪 70 年代是语用学的兴起阶段，20 世纪 80 年代是语用学的定型阶段，20 世纪 90 年代是语用学的成熟和丰满期。同时，他把语用视为对语言意义的研究，并且分析了语用研究中几个带趋向性的进展：从静态研究到动态研究，从单句向整体扩展，礼貌研究及跨文化语用研究。钱冠连在其《汉语文化语用学》中对国外语用学的发展进行了比较全面的概述。

在这一时期，与语用学有关的著作、论文集不断增多。它们包括王建华著的《语用学与语文教学》、陈宗明的《中国语用学思想》、何自然的《语用学与英语学习》、钱冠连的《汉语文化语用学》、陈忠的《信息语用学》、熊学亮的《认知语用学概论》、何兆熊主编的《新编语用学概要》、索振羽的《语用学教程》、左思民的《汉语语用学》、白解红的《性别语言文化与语用研究》、苗兴伟的《语用预设的语篇功能》、姜望琪的《语用学：

理论及应用》以及2003年的《当代语用学》、钱汝敏的《篇章语用学概论》、康家珑著的《交际语用学》、何自然、冉永平编著的《语用学概论》、应天常的《节目主持语用学》、戈玲玲著的《教学语用学》、冉永平的《语用学：现象与分析》、史尘封与崔建新合著的《汉语语用学新探》等著作。另外，还有语用学专题论集：《语用研究论集》（社科院语言所）、《语用问题研究》（徐盛桓）、《语用·认知·交际》（张绍杰、杨忠）、《语用学：语言理解、社会文化与外语教学》（陈治安等）、《语用学探索》（何自然）、《中国语用学研究论文精选》（束定芳）、《语用与认知——关联理论研究》（何自然、冉永平）等。这些论著吸收了国内外语用学研究的主要新成果，为语用学研究提供了可借鉴和参考的重要资料。

这个时期的语用学研究涉及面广，学者们从各个层面探索语用学。这些成果主要体现在对西方各语用学理论进行评介、修正，并开展众多的理论应用层面的研究，或借鉴西方语用学理论建构新的语用原则或模式。在提出新的语用原则方面，不少学者做出了不懈的努力。顾曰国追溯了现代汉语中礼貌概念的历史渊源，总结出了一些制约汉语交际的礼貌原则，如贬己尊人准则、称呼准则、慷慨准则、文雅准则、求同准则和德、言、行准则，并指出了英汉礼貌现象在文化上的差异，还对利奇的礼貌原则中的策略准则和慷慨准则进行了修订。徐盛桓参照利奇的礼貌原则，提出了自己的理论框架：注意自身、尊重对方、考虑第三者。有关语用学理论方面的研究将在第四章作较具体的论述。

这个时期，汉语语用学也显现出蓬勃发展的态势，正沿着具有中国文化特色的道路稳步前进。王道英、徐鹏、马涛论述了汉语语用学的历史与我国语用学理论研究的现状。汉语语用学研究中第一本汉语语用学专著为王建华的《语用学与语文教学》。该书立足汉语及其运用实际，同时以认知心理学、神经语言学、理论语言学等相关人文学科为理论背景，消化、吸收国外语用学理论，整理爬梳，构建了汉语化、民族化的语用学研究体系。它的语料少部分采自汉语口语，大部分出自中学语文教材，这些都是典型的汉语话语材料，具有汉语化、民族化特色。1994年中国社会科学院语言研究所出版了国内第一部语用学论文集《语用研究论集》。钱冠连1997年出版的《汉语文化语用学》是我国第一部以汉语为语料、以汉语文化为背景的语用学专著。国外的语用学著作与它是无可比拟的（王宗炎序）。钱冠连在书中一定程度上消除了吕叔湘、王宗炎、许国璋三位先生所提到的"两张皮"忧虑，为使外语界和汉语界结合研究做出了贡献。邵敬敏主编的《现代汉语通论》专门开辟了一章讨论汉语的语用问题。关于"三平面"的研究，胡附、文炼在《中国语文》发表了《句子分析漫谈》一文，倡导三个平面即句法、语义、语用语法观，开始把"语用"纳入汉语语法的研究范围，从而在汉语界引发了关于语法三个组成部分相互关系的讨论。例如施关淦的"关于语法研究的三个平面"，范晓、胡裕树的"有关语法研究三个平面的几个问题"，陆丙甫的"从语义、语用看语法形式的实质"等从三个平面分析了汉语语法中的一些问题。邵敬敏的"汉语语法的立体研究"从语法、语义、语用三个平面进行了交叉研究。汉语界的"三个层面"问题归纳起来其实是论证语用学独立地位的重要问题。另外，不少学者从汉语的词汇、句法、篇章等层面分析这些层面所折射的语用含义、语用预设、语用关联等，或者运用语用学理论分析语言形式与语用功能的关系，对汉语语法中过去难以解释的现象做出了系统的解释。

不少学者从事文化对比与语用的研究。邓炎昌、刘润清讨论了英汉语言文化对比以及英汉语用的特点对比。高一虹、何自然、王得杏都把语用研究置于文化差异研究的语境中。顾曰国的《礼貌、语用与文化》一文对汉语和英语中的礼貌现象进行了对比分析，指出它们在文化上的差异。张绍杰、王晓彤对比研究了英语和汉语中请求行为的实施策略；张新红调查了汉语法律言语行为在立法语篇中的实施情况以及各类言语行为的分类和分布；王爱华对比分析了英语和汉语中拒绝行为的表达模式。

同时，学者们开始注重实证性研究。例如，刘虹以汉语语料为基础，提出了话轮、半话轮和非话轮的区分；刘虹分析了会话中非理想情况产生的原因及其矫正方法；何安平以近十万字的英语会话语料为基础，分析了英语本族人在日常对话、公开讨论和电话交谈三类会话中的听者反馈语，另外还分析了英语会话中的成功与非成功插话现象；何安平和吴平分析了通过录音收集的汉语对话，研究了其中反馈信号的形式与功能，发现反馈信号与性别和社会阶层等变量之间并不存在相关性。

在这个时期，语用学研究呈现多学科的跨越式发展，国内的学术研讨会以及国际的学术交流也日益增多，对中国语用学研究发展产生重要影响。回顾语用学的发展历程，不少学者提出了自己的新见解。沈家煊根据国内外语用学研究状况，提出了我国语用学研究的发展任务，认为要继续引进国外的理论和方法，开展脚踏实地的研究；把外语研究和汉语研究结合起来，强调语用学宏观研究与微观研究的结合，并加强语用学形式化手段的研究。钱冠连曾在《语用学：中国的位置在哪里》中分析，我国语用学学者没有产生重大的理论创造，在学术原创性、学术视野和研究方法、选题、语料运用、撰写语用学发展史这五个方面尚未进入国际主流。从整体上看，国内的语用研究领域偏窄，主要集中在言语行为、会话含义等微观问题，对宏观语用学关注不够，对语用研究的认识论和方法论问题研究不多。通过国内外语用学选题对比研究，钱冠连提出了推动我国语用学发展的建议：正确分配从事引进与创造工作的人数和时间精力；弄清缺乏理论原创性的原因；将实用研究与基础理论研究统一起来，明确语用学理论目标；增强理论意识，扩大学术视野，鼓励年青一代利用母语从事实证研究；方法论上和语种选择上应多样化。文旭、况新华、谢华、徐鹏、马涛在总结国内语用学研究成果的基础上对语用学的发展也提出了非常有益的建议。归纳起来，我们认为，中国语用学的发展与研究应从哲学层与理论层出发，把中国语用学研究与发展立足于汉语事实，加强语用学理论原创性研究及其应用的研究。我们可以把汉语作为研究对象，理论与实践相结合，汉语界和外语界学人应携手合作，发展具有中国特色的汉语语用学。也就是说，我们必须立足汉语实际，从丰富复杂的汉语现象中抽象出具有普遍性的规律，上升为语用学理论，然后用于指导汉语语用现象的分析研究，再从中抽象出普遍理论并用于指导实践，把语用学理论推向一个新的发展高度，建立更具有普通语言学意义的语用学。同时，我们应注重宏观研究与微观研究相结合，开展共时与历时的研究，而更加深入宏观研究，把言语活动放在人类文化、社会活动的大背景下加以考察，开展不同文化的语用对比研究。更重要的是，我们不必拘泥于国外的某些观点，应取各家的语用学理论之长，加大本土化的改造，完善已有的理论，结合汉语的特征，不断创新，创立符合汉语实际的汉语语用学理论。

我国的语用学研究经历了从静态研究到动态研究，从理论研究到实证研究再到应用研究，向多角度、多维度研究的发展过程。在多变的动态发展过程中，我们应重视关注和把握当今科学研究中多学科交叉发展的态势。语用学研究涉及的知识覆盖语言学、哲学、逻辑学、数学、文学、计算机科学、心理学、认知神经科学等各大学科分支，出现了篇章语用学、形式语用学、计算机语用学、文化语用学、认知语用学、文学语用学等交叉领域的研究。这向语用学家提出了挑战，要求他们不仅具备良好的语言学专业素养，同时还必须掌握广博的多学科领域的相关知识，培养文理兼通、学贯中西的人才。面对中国语用学的研究与发展任务，我们既要高度重视以汉语为研究对象的汉语语用学理论本体研究，也要密切关注语用学理论的应用研究，开辟新的研究领域，真正建构起汉语语用学理论，为国际语用学研究做出贡献。

四、20 世纪 30 年代至 80 年代的西方语用学研究

对语用学研究的历史发展阶段的分期，不同的学者有不同的划分。根据张绍杰、杨忠、钱冠连、何自然、沈家煊、何兆熊、文旭、况新华、谢华、徐鹏、马涛、高航、严辰松、刘根辉等学者对语用学研究回顾的情况，我们对西方语用学研究与发展的不同阶段做较粗略的划分，并对上述学者的思想进行以下归纳。

20 世纪 30 至 60 年代可以看作是语用学发展的形成期。从上述讨论我们知道，语用学源于哲学家对于语言的探索。20 世纪 30 年代，在西方逻辑实证论的哲学流派中形成了一股语言哲学思潮，哲学家把研究重心转移到人类所使用的符号媒介上，开始了富有哲学意义的语言研究。这些哲学家的观点后来发展成为符号学。符号学理论首先是由美国哲学家皮尔士提出来的，后来另一位美国哲学家查尔斯·莫里斯对皮尔士的符号学理论做了解释。在《符号学理论基础》一书中，莫里斯提出了符号学三分说：句法学、语义学和语用学。从此，"语用学"这一术语一直为哲学家、语言学家所采用。但莫里斯把修正后的语用学定义为"符号学的一部分，它在伴随符号出现的行为活动中考察符号的起源、用法和功能"。他的观点得到同时期的另一位逻辑实证论哲学家鲁道夫·卡纳普的支持和修正。卡纳普缩小了语用学的研究范围，进一步明确了语用学的研究对象，即研究使用者和词语的关系。此外，莫里斯还区分了纯语义学、描写语义学与语用学的关系，认为纯语义学和语用学是分析词语意义的两种完全不同的形式，而描写语义学可看作是语用学的一部分。

随着语用学哲学思想的不断深入探索，从 20 世纪 50 年代初至 60 年代末，语用学在

哲学领域的探索有了突破性进展。这一时期有包括英国哲学家奥斯汀和美国哲学家塞尔、格赖斯等著名语用学哲学家。奥斯汀"不满意语言哲学对所指、意义、陈述的真实和谬误的传统研究"，提出了言语行为理论，向当时的逻辑实证主义提出了挑战。他把句子分为"表述句"和"施为句"，说话时表述句在于陈述或描述某一事实（以言指事），而施为句在于完成一种行为（以言行事）。进而，他把言语行为分为：以言指事、以言行事、以言成事。奥斯汀的主要思想集中在《论言有所为》一书中。奥斯汀的言语行为理论，经过他的学生塞尔的完善和发展，变得"系统化"和"严密化"。他再把以言成事分为断言类、祈使类、承诺类、表态类和宣告类行为。塞尔的言语行为理论主要反映在《言语行为：语言哲学论文》中。

格赖斯1967年为纪念威廉·詹姆士在哈佛大学讲演时提出了自己的语用学理论，即"会话含意"理论。后来他发展了会话含意的概念，在《逻辑与会话》（1975）中，提出了用来解释会话含意的合作原则，包括四条准则：数量准则、质量准则、关系准则和方式准则。合作原则是关于人们怎样使用语言的理论，解决了语义学中无法解决的问题，具有极大的解释力；更重要的是，它为解释言外行为提供了理论依据，是对言语行为理论的又一重要补充和发展。从莫里斯语用学概念的提出到言语行为理论，语用学研究多局限于哲学领域，以解决哲学问题为主要目的。

进入20世纪70年代后，语用学研究成为语言学的一门独立学科。首先，1977年，《语用学杂志》在荷兰正式出版发行，标志着语用学作为一门新兴学科已得到承认，确立了它在语言学中的研究地位。语用学的确立首先得益于哲学家对语言本质的探索。其次，对生成语法理论的看法分歧为语用学跻身于语言学领域客观上创造了条件。语用学在解释语言使用中的语文与语境关系方面表现出来的解释力，引起了众多语言学者的兴趣。再次，功能主义语言理论的发展和应用语言学的发展。这一时期语用学已形成了自己完整的理论雏形，确定了基本的研究对象、研究范围和研究方法。对于语用学研究范围的界定，列文森归纳了五个方面：指示语、会话含意、前提、言语行为和会话结构。列文森提出的五方面研究被看作是典型的、相对稳定的语用学内容。对上述不同研究内容的研究，我们可以采用不同的研究方法。语用学可分为纯语用学、描写语用学和应用语用学，不同类型的语用学研究会有不同的研究方法和对语言的解释方式，不过，最终的目的是探索语言的本质。

纵观20世纪70年代的语用学研究，我们发现，这个时期的研究主要表现在：①人们从各种观点，包括哲学、心理学、社会学、人类文化学等以及指示语、会话含意、言语行为等各方面，围绕语言使用的各方面问题进行研究，形成了多元化的研究趋势；②语用学吸引了各语言学家的兴趣，形成了自己的研究队伍，冲破了哲学家的一统天下，开始成为语言学研究的热点，不过语言学家大多囿于对哲学家语用学理论的解释；③虽然语用学已作为语言学一门独立学科确立起来，但它的基本理论尚需充实、完善和发展，语言学家对语用学理论进行梳理和总结，使其系统化，研究内容具体化。列文森的《语用学》的问世对语用学的发展做了系统的概括和总结，标志着语用研究领域的框架已经形成。利奇的《语用学原则》同年出版，阐述了语用学研究的理论和方法问题，尤其是利奇提出的"礼貌原则"是对格赖斯"会话含意说"的重要补充和发展。

20世纪80年代以来，语用学得到了较大发展，成为当代语言学研究的主流，不过语用学在发展的过程中出现了学科界面问题的讨论。学科之间界限最模糊的是语义学和语用学的关系，这两者关系的讨论注意力比较集中，争议也较大，归纳起来有三种观点：一种认为语义学从属于语用学，一种认为语用学从属于语义学，一种认为语义学和语用学是既相互独立又相互补充的两个领域。尽管观点不一，界限难分，但普遍认为语义学是研究形式和意义相匹配的语言现象，语用学则是研究形式和意义不相匹配的语言现象。在句法学和语用学的关系上，研究主要是关注包括语言结构与语境的相互作用、说话人的交际意图与语言结构的关系、语句与言外之力的关系以及言外之力的表达方式，等等。

从语言的跨面研究上看，心理学家、社会学家、人类文化学家对语用学产生了浓厚的兴趣。语用学的相关学科至少要包括心理语言学、社会语言学、人类文化学等边缘学科，语用学必然涉及语言多维，关注语言使用的社会、认知、文化等层面。学者们开始研究语用学同语言的跨学科研究之间的关系，发现语言使用受哪些心理、社会、文化等因素的影响，推动语用学同分相研究之间关系的研究，反之亦然。心理语言学，特别是认知心理学，对会话含意、前提和言外之力这些概念有极大兴趣，它考察儿童在认知发展过程中对语用结构的习得。这时期，语用学同其他边缘学科之间关系的研究，注意力将转移到语言使用的社会和认知方面以及它们之间的关系。这实际上是研究如何从功能和心理等方面来解释语言使用，为语言的综合研究提供理论依据。语用学理论在外语教学中的应用也取得更大进展。

语用学研究在礼貌研究及跨文化等方面也取得了喜人的成果。布朗和列文森1978年提出的"面子论"和利奇在1981年提出的"礼貌原则"引发了不少学者对礼貌进行大量研究，并提出了不少修正意见。礼貌本身既有文化普遍性，又有明显的文化差异性，但布朗和列文森的"面子论"和利奇的"礼貌原则"基本上都是以英语文化为依据的，对这两大理论的应用各国学者提出不少看法，也有不少人提出更适合本国文化国情的礼貌原则或准则，但总的来说还没有看到突破这两大框架，不过有关研究已开始涉及跨文化语用学等领域。

在语用学研究的进程中，研究视角已从静态研究转向了动态研究。语用学研究的是交际中的语言。语言交际本身是一个动态的过程，因此，语用学研究理应是一种动态的研究。这个阶段的研究开始关注语用学研究的动态性，注重语境与认知的相关动态因素以及意义在这些因素干涉下的动态性。语境研究不仅关注交际的时间、地点、场合、交际者以及他们的相互关系等对语言形式的选择、话语构成方式的制约因素，而且注意研究交际参与者如何操纵、调动某些语境因素以达到自己的交际目的。随着"关联论"的提出，语用学研究转向对认知的求诉，旨在解释心理认知因素在话语理解中的作用，并开始注意言语行为的整个活动，不断扩大研究范围，逐步注意宏观视野的研究。

五、20世纪90年代至今的西方语用学研究

这个时期的语用学研究发展迅速，出现了一批新成果。何兆熊教授回顾了20世纪70年代到90年代的语用学研究，认为20世纪70年代是语用学的兴起阶段，20世纪80年代是它的定型阶段，20世纪90年代是语用学研究的成熟、丰满期。20世纪90年代以来，除了大量的学术论文外，一批语用学研究的专著相继问世：格林的《语用学与自然语言理解》、梅伊的《语用学引论》、格兰迪的《行为语用学》、托马斯的《交互中的意义：语用学简介》、尤尔的《语用学》、维绪尔伦的《语用学新解》等。这些语用学专著是前一阶段语用学研究的拓展与深入，侧重点各不相同，如格林侧重语用的形式方面，梅伊则偏重社会的角度。

20世纪90年代，人们开始注重采用综合的观点来进行语言研究。梅伊在《语用学引论》一书重视会话研究，区分微观语用学与宏观语用学。英美学派认为语用学是研究语言在应用过程中表现出来的意义的一门科学，是语言学的一个分支。它与音位学、音系学、句法学、语义学处于平行的地位，有自己的基本分析单元，如指示语、前提、会话含意、言语行为、会话结构等。语用学的任务就是对这些话语成分做动态的研究。英美学派对语用学范围划分得较为严格，比较接近传统的语言学内容，多与研究句子结构和语法有关，故称作微观语用学，又称语用学分相论。欧洲大陆学派反对"基本分析单元说"。他们认为语用学不仅不能和语音学、音位学、形态学、句法学、语义学相并列，也不属于神经语言学、心理语言学、社会语言学、文化语言学这类跨学科领域。这些领域中每一个学科都有自己与语言研究联系的相关对象。欧洲大陆学派将语用学具体化为一种从认知的、社会的和文化的整体角度对语言现象的综观，是对语言的一种综观，即认为语言的各个方面和各个层面上都有语用学的问题。维绪尔伦的《语用学新解》和梅伊的《语用学引论》都属于这类研究。维绪尔伦系统地论述了语用学综观论和语言顺应理论。他认为语用学没有基本分析单元，它是对语言各个层面的功能性综观，在语言所有的层面都有值得语用学研究的问题。语言顺应理论认为语言具有变异性、商讨性和顺应性，语言使用的过程实际上是为了顺应而不断做出语言选择的过程。任何语用描写和语用解释都应从语境顺应、结构顺应、动态顺应和顺应过程的意识程度四个角度进行综合的语用分析。综观论认为语用学覆盖其他语言学科，没有基本分析单元，是从认知、社会、文化等角度就语言使用功能所做的综观。维绪尔伦等坚持语言使用的语用功能综观论以及语用学研究的综观论。维氏并不主张从狭义的角度探讨人际互动中的语言意义，而是以"语言使用的语言学"为主导思想，从认知、社交和文化等视角关注语言选择与理解以及人际交往。为此，从音素到语篇（或话语）结构等所有与意义生成和理解有关的语言现象都可视为语用学的探讨对象，语用学研究应该是广义的。同时，语言结构或形式的选择及其意义也是非静态的，具有动态性和语境顺应性。为此，指示语、言语行为、含意、会话结构、礼貌等传统议题不应被视为不同的语言现象，它们是共同现象的不同谈论方式而已。可见，维氏的语用学研究视角已经发生了变

化，他注重的是宏观研究。

关于这段时期的语用学研究与发展趋势，我们发现：①从元语用学角度研究语用学；②从社会学角度研究语用学；③从语际语用学角度研究语用学；④语用学研究从理论到实证研究；⑤语用学研究从认知、心理实验及博弈论等视角出发，尝试为意义研究另辟蹊径；⑥语用学研究出现哲学倾向，语言研究涉及哲学上的本体论和认识论问题，语用学研究从传统的有关意义的研究扩展到对整个话语及言语交际过程的多视角研究，并着力尝试新的语用学研究方法论，不再将语用学局限于语言哲学的定式；⑦突破英美语用学研究传统，将语用学具体化为一种认知的、社会的和文化的语言综观，认为语用学涉及的是语言性行为的全部复杂现象，反对将语用学与音位学、形态学、句法学、语义学、神经语言学、心理语言学、社会语言学等语言学分支并列，从而形成与英美传统相对的语用综观论。参照《语用学总书目》《简明语用学百科全书》《语用学手册》等专著，语用学权威期刊《语用学杂志》和《语用学》等杂志上的成果以及部分语用学新著，冉永平提出了当代语用学的发展趋势：20 世纪 90 年代后期，尤其是 21 世纪初以来，语用学研究呈现相互渗透的多学科交叉的发展趋势，语用学涉及的相关论题包括语用学与语法、语用学与句法学、语用学与语义、语用学与词汇学、语用学与语言习得、语用学与计算语言学等论题。更多学者等将语用研究和认知结合起来，同时开始关注语言使用与社会文化、大脑神经等的关系以及语用学研究的方法论。对语用学做各种跨面和不同视角的分析，从而兴起了集中研究语言在社会的使用情况的社会语用学、研究文化与语言使用关系的文化语用学；研究人们使用第二语言进行跨文化交际过程中出现的语用问题的跨文化语用学；运用民族志方法研究语用问题的民族志语用学；以神经生理科学为基础探讨言语使用过程中大脑作用的神经语用学；专注两种以上语言的语用差异的对比语用学；将西方经济学成熟的理论用于语用行为分析的经济分析语用学；研究儿童对语言规约和社会知识的敏感性及其发展情况的发展语用学以及文学语用学、历史语用学等。

除了英美学派和欧洲大陆语用学派之外，俄语语用学理论与实践研究也得到了迅速的发展。俄国的言语活动思想出现在 20 世纪 30 年代。俄国语用学的发展不是因为俄国学者把西方语用学的论题移植到了俄语学中，而是一批学者能够自觉地把言语活动看作是生活的一种形式，并通过语言努力认识人类思维与行为的本质。研究语言、思维、行为的关系时，言语活动在智力活动与现实活动之间起着中介的作用。而言语行为、智力行为、一般行为模式成为俄语语用学的三大主题。俄语语用学的另一基础是俄语结构功能语言学，语用学的部分对象也是功能语言学各学科所涉及的。这些学科包括功能修辞学、功能语法、交际句法、实义切分、话语语言学、交际语言学、巴赫金话语理论、演讲学等。周民权综述了近二十多年来俄语语用学理论在中国的研究历史与现状：俄罗斯语言学家紧跟世界潮流，于 1970—1979 年在莫斯科主持召开了一系列国际研讨会，在译介和综述西方语用学理论的同时，较系统地论述了如何以俄语为语料进行语用研究的问题，对俄语语用学理论的起源、研究方法、基本原则和研究对象等问题进行了认真的探讨，并进入以俄语为分析对象、以解释俄语为目的的发展阶段，逐步形成了一套以俄语结构功能语言学为基础，以言语行为、智力行为、一般行为模式为主题的俄语语用学理论体系。俄语语用学理论在中国同样经历了一个引进和发展的过程。倪波的《国外关于语用学的探索》一文，介绍、评述了西方和俄罗斯学者的言语行为等理论。此后，相继出现了楚谭的《浅谈语句的语用意义》、常宝儒译述的论文《言语行为理论：对各流派和倾向的概述》、郭幸楷的《语用学中的"前提"理论》、华勋的《说话人与受话人：从语用角度分析言语行为》等有关论文，对于推动我国俄语界的语用学研究起到了重要的作用。20 世纪 90 年代后，我国的俄语语用学研究开始活跃起来，引进、译介、评述性的文章明显增多，内容涉及语用学理论的各方面。关于 1982 年至 1996 年我国俄语语用学研究的基本情况，崔卫在《我国俄语语用学研究概观》中做了较为详尽的阐述，介绍了我国俄语学者们在"言语行为理论"等方面的研究成果，分析了部分学者的观点和见解，提出了今后需要解决的几个问题。俄国的语用学发展经历了与西方两大学派相似的道路，但其研究的哲学基础比较薄弱，创新的力度也非常有限。

　　语用学作为一门独立的学科，拥有自己的研究宗旨、研究视角和研究方法。同时，它又与其他学科相交叉，或者直接进入不同的学科，与它们拥有同一个研究对象，从而成为一门跨学科的语言学科。语言学中有一些新的相关学科应运而生，如篇章语用学、交际语用学、认知语用学等，正呈现综观的发展态势，并不断走向宏观与微观的探索，同时微观研究不断深入，建构起跨学科的研究路径。随着语用学研究的不断深入和发展，语用学研究的路径将越来越宽，研究的问题将越来越有深度，其研究方向将不断走向综观发展。近几年，越来越多的学者对各种不同的理论提出了自己的看法，注重学科的兼容研究，开始注意在不同的理论之间寻找共同点或结合点，大胆吸收其他理论的长处，走互补的路子，在理论与应用方面都取得了较为显著的成果。

第二节　语用学的界定

一、语用学界定综述

　　尽管"语用学"这一术语被 Morris 提出，但在 20 世纪 60 年代前，语用学在学术界得到的重视并不多，很多学者只是将其比作"杂物箱"或"废纸篓"，用以接纳语义学研究范围之外的剩余内容。但在此阶段，有两位学者试图对语用学进行专门的界定，即哲学家 Carnap 和 Bar-Hillel。

（一）Carnap 对语用学的界定

　　Morris 的观点得到了哲学家 Carnap 的发展和继承。他认为，词语所指是语用学研究领域应该关注的另一个问题。他倾向于把一切实验性（即真实的语言）研究都归入语用学，而描写语义学也可以看作是语用学的一部分。相比 Morris 和 Carnap 的观点进一步明确了语用学的研究对象。

（二）Yehoshua Bar-Hillel 对语用学的界定

Bar-Hillel 在 Moriss 和 Carnap 的研究基础上，具化了语用学的研究对象。他将 Pierce 提出的"指引表达"概念引入了语用学，认为语用学是一门研究语言中的"I""here""now"之类的指示词语的研究。同时，他还区分了描写语用学与纯语用学，认为指引语言研究属于描写语用学的研究范畴，而指引语言系统的设置则属于纯语用学的研究任务。尽管 Bar-Hillel 把语用学的研究对象局限于指示词语，但其对于语用学的独立发展具有十分重要的意义。

到 70 年代末期，语用学开始作为一门独立的学科呈现在学者们的面前。1977 年，*Journal of Pragmatics* 在荷兰发行。1986 年，国际语用学学会在比利时成立。至此，越来越多的学术界人士开始就语用学作为一门独立学科的界定和研究展开了讨论，语用学内涵日益丰富。

（三）Levinson 对语用学的界定

1983 年，Levinson 在其著作中，遵循英美语言哲学传统，对语用学进行了较为严格的界定。他从指示词、会话隐含、预设、言语行为和会话结构这五个部分对语用学进行了深入的剖析和讨论。

（四）Jacob Mey 对语用学的界定

丹麦语言学家 Jacob Mey 在其著作中为语用学描绘了一幅十分广阔的画面。他指出，语用学不仅涉及指称和照应，言语行为以及言语行为动词的微观语用学，还应包括含话语分析、元语用学以及社会语用学的宏观语用学。他认为语用学与教育、大众传媒、文化甚至社会斗争之间都存在着一定的关系。因而指出，语用学实际上就是用来帮助语言使用者在各自的社会环境中实现自己的目标的一门学科。

（五）Peccei 对语用学的界定

不同于 Levinson 和 Mey 对语用学的直接界定，Peccei 并没有直接告诉读者语用学是什么，而是通过一系列会话实例让读者对语用学产生感性认识，即语用学其实在很大程度上是一门研究话语在具体语境中的言外之意的学科。他指出，语用学关注的是在特定的物理和社会环境中说话人说出的话语的含义，以及听话人如何猜测出说话人的含义。显然，Peccei 在界定语用学时十分侧重其在会话这方面的意义。

（六）George Yule 对语用学的界定

George Yule 在其 1996 年出版的 *Pragmatics* 一书中也给出了他对语用学进行的界定，

在他看来，语用学实际上包含四个领域的研究：①说话人在说出一句话时所想表达的意识，而不是构成这句话的词或词组本身可能具备的意思；②话语在具体语境中的意义，特别是说话人在特定的语境中，怎样根据谈话对象、谈话地点、谈话时间及其他相关因素来斟酌和组织自己所要表达的意思；③言外之意的传达和领会，特别是听话人怎样在说话人提供的有限的话语基础上根据上下文及具体语境做出一步步的推论，最终领悟说话人的真实意图；④说话人在决定哪些意思需明确表达、哪些意思可由听话人领会时起主要作用的因素，即说话人和听话人之间相对距离的远近。这里的距离当然不是局限于两者之间的空间距离，包括他们在社会地位和认知观念方面的差距。距离越近，两者所共同拥有的经验就越多，需要直白地说出来的意思就越少。

二、语用学界定讨论

纵观学术界人士对语用学的不同界定，我认为可从两方面分析：

（一）语用学的界定

对语用学的界定，无论其细化差异多少，从整体而言，主要分为两大类，即 Levinson 所说的分相论和综观论。Levinson（1983）指出，语用学可以分为两大流派：英美学派和欧洲大陆学派。英美学派将语用学看成是语言学的分相研究。因此许多学者在界定语用学时主要是从微观入手，对语用学涉及的指示语、前提、会话含意、言语行为、会话结构等语言构成成分进行动态分析。因此，综观论者认为，语用学渗透在语言运用的所有层次，而不是把语用学仅仅看作是语言学的一个分支。在界定和研究语用学时，此类学者往往认为语用学没有基本的分析单元，其涉及的是从认知、社会、文化等角度对语言使用功能进行的种种研究。

何自然（2001）指出，对于语用学的学习，我们应先从分相论入手，对语用学涉及的微观方面的各部分内容做充分了解之后，还应了解综观论，从语言交际和认知、语言的使用和社会文化的关系等角度对语用学做各种跨面的分析。因此，我认为，对于语用学的界定要坚持微观和宏观相结合的方法，若只界定微观难免会十分局限，缺乏界定的说服力；而若只界定宏观，又会过于抽象空洞而缺乏界定实质性的内涵。

（二）语用学的定义

对于语用学所下的定义，尽管内容千差万别，但实质上不同的定义反映了研究人士的不同研究侧重点。以下是按照不同人士的研究侧重点对语用学已有的各种定义进行的分类整理：

1. 从对语言和语境的研究角度出发

——语用学是对在一种语言的结构中被语法化或被编码的那些语言和语境之间的关系的研究。（转引自何兆熊 1997：8）

——语用学是对语言和语境之间对于说明语言理解来说是十分根本的那些关系的研究。（Levinson 1983，转引自何兆熊 1997：9）

——语用学是对语言行为以及实施这些行为的语境所做的研究。（Stalnaker 1972：383）

——语用学是研究语境意义的学问。（Yule 1996：3）

2. 从语言使用者的研究角度出发

——语用学是对语言使用者把句子和使这些句子得以合适的语境相匹配的能力的研究。（Levinson 1983：24）

——语用学是研究说话人意义的学问。（Yule 1996：3）

3. 从听话人的研究角度出发

——语用学研究人们"明白在交际中要说的"比"听到表面上说的"到底多了些什么。（Yule 1996：3）

——语用学研究如何理解人们刻意表达的言语行为。（Green 1996：2）

——语用学研究人们相互交谈中的意义。（Thomas 1995：24）

4. 从微观单位的研究角度出发

——语用学是对指示（至少是其中的一部分）、含义、前提、言语行为以及话语结构各个侧面的研究。（Levinson 1983，转引自何兆熊 1997：9）

5. 从语言功能的综观研究角度出发

——语用学是语言各个方面的功能总览，即研究人类生活中语言的认知、社会和文化的功能。（Verschueren 1995：13）

关于语用学所下的定义还有很多，其研究角度也不限于以上所列出的 5 项。但正如何兆熊在《语用学概要》中所说的那样，我们没有必要一定要语用学下一个统一的定义，去比较不同定义之间的优劣也是没有必要的。不同的定义在不同程度上表现出了作者对于语用学研究的不同偏向和侧重。我们所要做的应当是从不同的定义中加深对语用学丰富内涵的理解。

作为一门新兴学科，语用学在学术界不同的人士看来有着不同的内涵。对于语用学的不同界定，恰恰反映了其内涵的多面性和蓬勃发展的潜质。综观学术界有关语用学界定和定义的各种论述，我们应从宏观与微观相结合的角度来认识和理解语用学。对于其界定而言，没有也很难有一个统一严格的标准，我们应当在前人研究的基础上，不断挖掘语用学的内涵，并以此来更好地理解生活中的各类语言交际现象，并有效指导实践。

第三节 跨文化交际中的语言交际

语言是交际的工具，也是文化的载体，在跨文化交际中具有重要地位。作为交际工具，不同的文化群体凭借语言进行沟通和理解；作为文化载体，不同的文化群体通过各自的语言展现不同的文化特征。本节介绍跨文化交际中人们的言语使用及其所体现的跨文化差异。

无论普通言语交际还是跨文化言语交际，都要涉及静态的语言系统和动态的言语过程，都要遵循语言系统规则、言语行为和交际规则及话语组织规则。静态的语言系统指语音、词汇、语法三种语言要素。在跨文化交际中主要介绍词汇、句法、语篇三个方面的跨文化差异；动态的言语过程指言语行为规则、言语交际规则及话语组织规则，如合作原则、礼貌原则、言语行为理论等。

一、语言要素与跨文化交际

语音、词汇与句法是语言的三要素，三者之中语音对跨文化交际的影响没有其他两个方面那么直接和明显，词汇与跨文化交际的关系最直接。

（一）词汇与跨文化交际

词汇是记录和反映世界的语言符号，代表着特定的对象或现象，人们通过词汇来表达对世界的认识。不同的民族由于在自然、地理、宗教及价值观念等方面的差异，对世界的认识也各不相同，并通过语言和词汇系统表现出来，这使得相同的事物在不同的文化中可能具有不同的所指，一种文化的词汇系统不能与另一种文化的词汇系统完全对应，同样的能指反映的可能不是同一事物。因此词汇及其语义是跨文化交际实践与研究的重要方面，理解不同文化之间词汇、语义的差异可以帮助我们进行跨文化交流。词汇对文化的反映方式各不相同，有的词本身指代该民族特有的事物事件，如汉语中的"长城""空城计"；有的词多个义项中的一个义项与民族文化相关，如"牛""红"。前者是与文化直接相关的词汇，后者与文化的关系通过词汇不同层次的语义显示出来。

1. 与文化直接相关的词汇

词汇分为基本词汇和一般词汇。基本词汇很稳定，千百年来为不同的社会服务，不同社会中基本词汇的重合度较高，比如"火""人"；一般词汇则有较大的灵活性，不同的社会中差异较大，有的一般词汇与文化直接相关，其概念意义中含有明确的民族文化信息和深层的民族文化，特别是古语词、方言词及熟语，古语词常表示该民族历史上或精神层面的特有事物或现象，如汉语中的"鼎""阴阳""生肖"；方言词体现不同的地域特征，如四川话的"瓜"、上海话的"侬"；熟语是定型化了的固定短语，是特殊的词汇。熟语源远流长，是民族文化长期积累的成果，体现民族的物质文化、精神文化或心理文化的各个方面，各民族语言中都有丰富的熟语，成语是其中重要的一类。

成语是人们长期以来习用的、简洁精辟的定型词组或短句。成语来自神话传说、寓言、历史事件、文人作品、摘录于文人作品中的名句、摘录于文人作品中引用的民间口头熟语，是民族文化的长期沉淀，具有丰富的文化内涵。汉语中有丰富的成语，如"天花乱坠"来自佛经《心地观经·序品》中的故事，传说梁武帝时云光法师讲经，感动了上天，天上的花纷纷降落下来，现在用来形容说话有声有色，非常动听，多指夸大的或不切实际的；"一视同仁"来自唐代韩愈的《原人》，指同样看待，不分亲疏厚薄。

2. 词汇的语义

语义指的是语言中词语的意义。语义的异同与文化密切相关，是跨文化交际中的重要问题。

（1）指示意义与隐含意义

在日常交往中，词语本身所指称的意义是明确的，称为指示意义；有的意义却是暗含在词语背后的，称为隐含意义。一个词除了具有字面的指示意义外，还可能具有隐含意义。指示意义也称为字面意义、概念意义或明指意义，隐含意义也称为联想意义、引申意义或暗指意义，它是在特定的社会和语境中产生并表现出来的意义。例如，"海"的指示意义是"大洋靠近陆地的部分"，隐含意义可以指"连成一片的很多同类事物"。熟语常常通过指示意义来体现民族文化，基本词汇和大部分一般词汇则有所不同，它们常常通过隐含意义来表现文化特质。例如，"海"字的隐含意义还可以是"从外国来的"，因此汉语中有"海归"一词指代"在海外留学或工作后归国的人员"，四川话的"海椒"一词指代来自外国的辣椒。

由于客观世界的相似性和民族文化的特异性，不同民族之间指示意义相同的词语可能隐含意义不同。例如，"胖"这个词在汉语和德语中的指示意义都是"脂肪多"，但在汉语中还有传统和现代两种隐含意义，传统的含有富足的意义，现代的含有形象差、不注重体型的意义，现代的"胖"的意义与德语中"胖"的意义相同。因此词语的隐含意义与文化密切相关，对一个词的理解不仅要明白其指示意义，还要掌握其隐含意义，并在交际中准确地理解和使用。要特别注意由于文化不同而形成的词汇意义的差异，特别是隐含意义的异同，以保证双方相互的准确理解及顺畅交流。比如告诉一个中国人他很胖，这个中国人可以理解为自己生活状态不错，也可以理解为形象差；而说一个德国人胖，则会让听者以为自己的形象差、不健康，会让听者不舒服，引起负面情绪，影响双方的交流。

（2）跨文化交际中的语义差异

语义的差异，特别是隐含意义的差异，对跨文化交际有至关重要的影响。两种语言的指示意义和隐含意义的异同有四种情况。

①指示意义相同，隐含意义不同或截然相反的词汇

在不同文化中，同一事物可引起完全不同的联想，在词汇意义上的表现是词语指示意

义相同，隐含意义不同，即词汇具有不同的文化内涵或文化意义。比如"乌鸦"一词，在不同的民族语言中具有不同的隐含意义。在汉语中乌鸦代表着不吉利，如"乌鸦嘴"指的是说不吉利的话，然而在很多民族及其语言中，乌鸦代表着吉利，受到人们的喜爱和尊敬。在日本乌鸦是至高无上的神鸟，也被看作是孝心的代表；在缅甸，很多商店的店名是"金乌鸦"。再如"绿色"在英语和汉语中的含义差异较大，在英语中 green 有丰富的含义，可以指未成熟的、无经验的、易受愚弄的，也可以指面色苍白，有病容，还可以指人精力充沛，其他还可以代指嫉妒、眼红，如 green-eyed。而汉语的"绿色"主要是一种颜色，嫉妒是用相反的颜色"眼红"来表示的，"眼睛都绿了"则是"饥饿""贪婪"的意思。隐含意义有差异的词汇在跨文化交际中比较常见，在面对不同的文化时要注意各民族对世界的不同认识，并注意其体现在语言符号上的差异。

②指示意义相同，隐含意义部分相同的词汇

在两种不同的文化中，有的词在某些方面会引起不同民族的共同联想，而在其他方面却会引起不同的联想，这些词指示意义相同，隐含意义部分相同，其中相同的方面反映了不同民族的物质世界或精神世界中的相同点，不同的方面说明了各民族文化间的差异，即不同民族的文化存在着共性也存在着个性的差异。例如"玫瑰"在中国文化和西方文化中都象征着美丽和爱情，除了这一共同的含义以外，英语的 under the rose 的意思却是"秘密地""私下地""暗中"，它源自古罗马故事，小爱神丘比特为了维护其母亲维纳斯的名誉，送给沉默之神哈伯克拉底一束玫瑰，请他不要把维纳斯的风流韵事传播出去，哈伯克拉底收了玫瑰花后就遵守诺言，守口如瓶。

③指示意义相同，在一种语言中有丰富的隐含意义

在另一种语言中却没有的词汇由于受民族文化的影响，一个普通的词在一种语言中常有极其丰富的联想意义，在另一种语言中就可能仅仅是一个语言符号。比如龟这种动物在不同民族语言中有不同的象征意义，在东方文化中具有长寿、吉祥、显贵、神力等多种象征意义，是四灵之一，人们在家中养龟以图吉利，也有龟鹤延年的说法，龟在中国还含有贬义，用来指被妻子背叛的男人。在英语中乌龟并没有特别的联想意义。再如蓝色在中国文化中没有特别含义，而在英语中则含义丰富，可以指心情忧伤、沮丧，如 blue Monday；可以指下流的、色情的，如 blue talk；还可指社会地位高、出身名门，如 blue blood。另外还有很多由 blue 组成的固定用语，如 blue stocking 指女学者和女才子，blue moon 指很长的时间，blue in the face with the cold 指冻得发紫，out of blue 意思是意想不到，one in a blue 意为千载难逢，drink till all blue 意思是一醉方休，习语 true blue will never stain 意思是真金不怕火炼。

④文化中的词汇缺项

各个民族一般都有自己文化中特有的词汇，它们只存在于这种文化中，而不出现在另一种文化中，这就是不同文化中的词汇缺项。词汇缺项反映了各个民族独特的物质世界和精神世界，比如儒家"五常"之一的"义"，反映的是中国古代一种含义极广的道德范畴，

意思是公正合宜的道理或正义。表面上看，似乎与英语中的 justice 对应，但实际上，"义"反映的是一种人身依附关系，平行于儒家哲学中的"忠"和"孝"，忠代表国家中管理者与被管理者之间的道德原则，孝代表家庭中前辈和后辈的依附关系，义用来指代除这两种关系以外的兄弟姐妹，社会中不那么容易区分上下级关系的个体之间的道德原则。这种"义"与西方强调个人主义的哲学思想截然不同，难以找到对应的词项。汉语中有很多带有"义"的词语，如不仁不义、见利忘义、假仁假义、背信弃义、成仁取义、大仁大义、慷慨就义、不义之财、春秋无义战、大义凛然等，中国人也喜欢用"义"字作为人名，这反映了中国人的哲学观和道德观。

不同民族在物质生活上的差异很大，这也形成很多词汇缺项。如缅甸有一种洋麻菜，缅语称作 khyinbaun，这是缅甸人常用来熬汤的酸菜叶，生活在热带地区的缅甸人喜爱这种可以增加食欲的酸味食物，这个词语在其他民族的语言中没有对应的词汇。以上介绍的是跨文化交际中语义的四种差异。然而，客观世界的相似性与人类思维的相似性决定不同文化背景的人对世界的认识也是相似的，因此不同民族的词汇会出现相同的情况。有的是完全相同，即两种语言中的词汇不仅指示意义相同，隐含意义也完全相同，例如"驴"这个词在汉语和英语中的指示意义相同，隐含意义也相同，都带有"蠢""倔"的含义。还有的情况是指示意义不同、隐含意义相同，如汉语"小菜一碟"和英语 a piece of cake 意思相同，都指的是没有难度的事。

（二）语法与跨文化交际

语法是组织成句的规则，每种语言都有自己的语法系统。每个社会都会使用某种特定的语言，并遵循这种语言的语法规则。语法规则的差异体现了深层文化的差异。世界语言数千种，根据不同的标准可以分成不同的类型。根据语言起源发展和谱系分类法，可以分为汉藏语系、印欧语系、阿尔泰语系、闪—含语系、乌拉尔语系等十多种；根据构词方式进行分类，可以分为孤立语、屈折语和多式综合语四种类型。不同民族的语言在语法上的系统差异体现了各民族文化起源及随之定型的思维方式的差异及认知方式的差异。

1. 跨文化交际中语法类型的差异

汉语在谱系上属于汉藏语系，在构词方式上属于孤立语，语素绝大部分是单音节的，句子中的词缺少严格意义的形态变化。比如在"你读完这本书了吗"这个句子中，"你""读""完""这""本""书""了""吗"每个词由单音节语素构成，在句子中没有任何形态变化，名词"书"没有阴性、阳性的变化，动词"读"没有时态的变化，代词"你"没有格的变化，同时，在这个句子中补语"完"、时态助词"了"、语气助词"吗"则表达着丰富的语法意义，因此大多数学者认为虚词和语序是汉语的主要语法手段。由于缺少形态变化，汉语与印欧语言相比在句法上具有两个特征：词组构造与句子构造一致，词类和句子成分不对应。

西方语言属于印欧语系，在构词方式上属于屈折语，有多种表示各种语法意义的词缀，动词、名词、形容词等常可以加词缀使词形发生变化，表示特定的语法意义。比如英语中有表示名词单复数的 -s，表示动词时态的 -s、-ing 和语态的 -ed 等，这些形态不仅是构词的形式，也是使句子成立的语法手段，因此印欧语系形态变化丰富，词类功能比较单纯。比如 "I have told him." 这句话中，I 是主语，形态上是代词的主格形式，told 是谓语，是动词的过去分词形式，him 是宾语，是代词的宾格形式，整个句子的句法成分和词类是对应的。

因此，学者们多认为汉语与印欧语系各语言的差异是形合和意合的对立，汉语重意义、重内容、轻形式，印欧语重形式、轻内容。印欧语以英语为例，英语高度形式化、逻辑化，句子成分必须完备，各种组成部分很少省略，主语更不能省略。而汉语则不注重形式，句法结构不必完备，动词的作用没有英语那么突出，重意合，轻分析，在表示动作和事物关系上几乎全依赖意合。比如"这本书不想看了，太难了"在英语和汉语中所采用的语法手段完全不同，在英语中需要说成 "I don't want reading this book.It is too hard"，这个句子主谓宾句子成分完备，各个词的词形变化与它的句法成分一致；而在汉语中第一个小句主语和谓语的语义关系没有表示被动的形式标志，第二个句子则没有主语。因此，王力先生提出汉语是"人治"的语言，是主观的，印欧语系是"法治"语言，是客观的。

2. 跨文化交际中的认知与语序差异

不同语言的思维方式差异体现在认知方式上。由于语言具有线性特征，人们说话时只能按照时间的先后依次说出一个一个的音节，因此语言具有时间相似性（tense iconicity），语言成分的次序与物理世界的次序或人们对事物的认识次序相互平行，表现为时间顺序原则、时间范围原则和时空范围原则。

在没有时间词或时间状语的并列复合句中，时间顺序原则起作用，"两个句法单位的相对次序决定于它们所表示的概念领域里的状态的时间顺序"，比如"我回家拿钥匙"，事件的顺序和语言成分的次序是一致的，先回家再拿钥匙。这条原则在许多语言里是一致的，比如英语中这句话可以翻译为 I will go back to get keys，语序与汉语一致。

在有时间词或时间状语的句子中，不同语言语序是不一致的，在汉语中起作用的是时间范围原则，即"如果句法单位 X 表示的概念状态在句法单位 Y 所表示的概念状态的时间范围之中，那么语序是 Y X"。这条原则要求时距小的成分排在时距大的成分之后，比如"昨天他去北京了""他去北京了"这一状态在"昨天"的范围之内，因此主要动词"去"放在时间词之后。而英语则不遵循这条原则，时间词放在主要动词的前后都可以，He went to Beijing yesterday 和 Yesterday he went to Beijing 都对。

在汉语中时间范围原则还可以更普遍地体现在空间上。无论是时间还是空间，大范围成分总是先于小范围成分，比如汉语地址的写法是从大到小，"中国四川省成都市一环路南一段 24 号"，英文则刚好相反，小范围成分应该在大范围成分前，应该写成 No.24 South Section 1，YihuanRoad，Chengdu，China。从时空范围原则来看，汉语由大到小的语序反映了使用这一语言的民族的认知策略，汉语母语者习惯从整体到局部，采用"移动自我"的策略，移动自己而逐渐接近客体，在经历小的局部之前先经历整体；英语从小到大的语序反映了该民族的认知策略，英语母语者习惯从局部到整体，采用"移动客体"的策略，目标客体从包容它的大客体中向认识主体走来，在经历大的整体之前先经历局部。如果与更深层的文化相关联，可以说汉英认知策略的差异体现了汉民族整体性思维方式以及群体性取向，及西方民族分析性思维方式和个人主义取向。

二、语篇与跨文化交际

语篇是大于句子的语言单位，是语言的成品。语篇按照一定的规律进行组织，反映了该民族的思维模式。

（一）语篇与思维模式

20 世纪 60 年代美国学者卡普兰为了研究语篇类型，收集了约 600 份母语非英语的学生的作文，对其文章的组织结构进行了分析和比较，总结了五种语篇类型，发现这些类型与学生的母语文化背景相关，分别代表英语、闪语、东方语言（以汉语为代表）、罗曼语和斯拉夫语民族的思维模式。

卡普兰认为，英语语篇的组织结构具有直线发展的特点，闪族语语篇是平行发展的，东方语言则呈螺旋形发展，罗曼语系的语言与俄语相似，往往呈曲折型发展。斯考仑提出相似的观点，他认为东西方思维模式的差异表现为语篇上的归纳式和演绎式的差异。中国人或东方人思维方式是直觉、具体和圆形的，写文章时往往把思想发散出去还要收拢回来，落到原来的起点上，这样话语或语篇结构呈圆形或聚集式；说话时他们习惯于绕圈子，常常避开主题，从宽泛的空间和时间入手，从整体到局部，从大到小，由远及近；在向别人提出要求时，东方人总是先陈述原因、背景，以使对方有个思想准备，引起对方同情或理解，之后才提出自己的具体要求，而西方人则径直提出要求，开门见山，对原因的陈述可有可无。

学者海因兹（Hinds）从作者的动机和表述对策上进行研究，提出了"读者责任型语言"和"作者责任型语言"的区别。读者责任型语言要求读者对文章作品的理解负主要责任，读者自己去弄清句子及命题之间的语法和逻辑联系；作者责任型语言假设读者对文章的内容缺乏了解，作者要对读者的理解责任。海因兹认为汉语是读者责任型语言，英语是作者责任型语言。这种观点与低语境和高语境观点对应，认为日本是高语境国家，许多意思都包含在语境之中，不需要每一点都明白无误地讲出来；美国是低语境国家，一切都要靠语言讲清。一位美国学者曾抱怨他的一位日本博士后在和他讨论学术问题时，总是安静地倾听，除了频繁点头外只是保持沉默，这位美国学者觉得很不适应，认为对方应该以话语回应，表达自己的观点。

（二）跨文化交际中的语篇差异

在语言层面，语篇差异表现为文章结构的差异。下面对中文和英文的语篇结构进行异同对比。

1. 语篇差异的相对性

东方的语篇结构与思维方式是归纳法和螺旋式，西方的是演绎法和直线式，大量的研究材料证实了这一看法。然而，实际情况要复杂得多，并不是所有东方的语篇结构都是归纳式，所有西方的语篇结构都是演绎式。实际生活中西方人也常用归纳法，比如在向对方借钱时，一般会先说明各种情况和原因，再在合适的机会提出要求；东方人也常用演绎法，比如会直接跟熟人提出"我们一起去吃饭吧"。斯考伦在提出归纳式和演绎式的差异后，又特别指出，简单地说一种模式属于西方，或另一种模式属于东方是不准确的，无论在东方还是西方，都存在两种模式，更准确的做法是将它们视为不同的修辞策略，一种比另一种更适用于某些情境场合。

语篇结构的跨文化差异是相对的，归纳式和演绎式只是反映了文化的整体定势。在整体定势之外，还必须考虑个体的因素，主要是各种语境因素。语篇作为语言的成品，是人们在具体社会情境中的语言实践。每次实践都涉及各种不同的语境因素，如交际目的、交际对象、交际场合等，语篇的结构方式受这些因素的影响。前面提到的借钱的行为类型是请求，说话人不能肯定对方是否会接受，因此选择归纳法进行表达；而邀请行为发生在关系密切的朋友之间时，无须说服对方接受邀请，因此直接提出想法。许力生对比研究了英语和汉语的语篇，发现总体而言，英语语篇是直线结构，只有极少数非直线的；就具体篇章中的段落而言，有半数全部段落都是直线式的，只有三分之一的段落采用非直线式的。汉语篇章同样如此，既有直线式的，也有非直线式的。但是，汉语篇章中没有一篇是全部使用直线式的，也没有一篇是全部使用非直线式的，直线式和非直线式各占一半。

2. 文化差异与语境

语篇并不是独立存在的，它存在于特定的语境之中，其构建方式实际上是人们在特定文化的具体语境中使用语言完成其交际任务的习惯性方式和程序。由于交际任务不同，形成不同类型的语篇，比如叙事型语篇、描述型语篇、议论型语篇。不同文化和亚文化中的语篇具有不同的特征。以"东方""西方"为基础或者以"归纳式""演绎式"为类型进行语篇对比显得过于笼统，不能反映每种文化内部亚文化的差异，也不能反映不同语篇类型的特征和不同亚文化中语篇的差异。

在对叙事性语篇的研究中，坦能发现英语与希腊语有不同的语篇结构。英语叙事性语篇结构倾向于简单，如实记述事情，而希腊语则常常加入一些评论和解释，希腊人认为这些评论和解释是必不可少的。医学论文语篇结构的研究成果显示，英语与法语论文描述病情发展过程的方式也有所不同。英语论文一般按时间顺序同时描述几种病情症状的发展变化，法语论文则将几种症状分开，各自从头到尾描述，并在描述某个症状时提出对发展趋势的推测。说法语的人认为法语式的描述是自然的、清楚的，认为英语论文的描述方式将几种症状交叉描述，让人难以理清头绪，而说英语的人则认为法语的描述是曲折的，加进了一些不必要的趋势预测。

三、语用与跨文化交际

学会一种语言的语音、词汇、语法，不等于就会使用这种语言进行得体的交际，还要了解并遵循这个社会或群体所共享的言语规则或言语使用规则，即语用规则。语音、词汇、语法是语言的内部系统，是语言的静态层面；语用规则反映的是在特定社会规范的制约下人们使用语言的规则，是语言的动态层面。

（一）跨文化交际中语言使用的文化差异

不同社会的人们以不同的方式说话，说话方式之间的差异是普遍的、系统的，反映了不同社会的文化差异。然而不同文化的人们在交往时，往往会对文化价值、社会规范和语用规则的差异性缺乏认识，以本节化的准则和社会规范作为理解他人行为的标准，从而产生语用迁移，造成交际失败。语用失误或语用失败是语用规则迁移所造成的，即不同文化的人们在相互交际时直接把自己语言的话语翻译成目标语，而不考虑这些话语应该遵循的交际规范，其结果是能在母语中达到交际效果的话语在目标语中无法达到预期效果。在交际中语用错误比语法错误更严重，"语法错误可能使人不愉快，或影响交际，但至少在规则上，它们是一清二楚的，听话人会感觉到它的存在，而且一旦意识到说话人的语法能力较弱，对其是容忍的。然而语用失误则不然，如果一个非本族语者说话流利，对方不会把明显的不礼貌或不友好的行为归结为语言缺陷，而会认为是粗鲁和恶意的自然流露。语法错误可能显示出说话人还未掌握特定的语言能力，而语用错误可能反映出说话人的人格有毛病"。

在中国，人们传统的问候语是"你吃了吗"，如果这样直译，用其母语问候西方人，不会被对方理解为打招呼，只会让对方困惑，以为说话人要邀请他吃饭。在中国人家中做客时，主人即使准备了满桌丰盛的菜肴，也会对客人说"菜不多""菜做得不好"，如果客人是中国人，一般会说"菜很多了""菜做得很好"，双方相互谦让和表扬是正常的交际方式，但如果客人是不了解中国文化的西方人，主人的自谦会让客人无所适从，面对满桌子的菜感到困惑，不知道主人为什么这样说，主人为他夹菜盛饭时也不知道如何应对。

在跨文化交际中，谈话内容和话题常常也会造成语用失误。在一种文化中可以公开谈论的交际话题在另一种文化中是需要回避的。比如在中国，人们常常相互询问年龄、信仰，以示关心，而在西方这些是不应询问的隐私话题。下面我们从三种语用学理论——合作原则、礼貌原则、言语行为理论，来分析言语交际在不同文化中的差异。

（二）会话合作原则

20 世纪 60 年代，格赖斯提出的会话合作原则（cooperative principle），使言语活动与社会情景相连接。

1. 合作原则的基本内容

格赖斯认为会话受规范或条件制约，人们在会话时之所以不是以一串互不连贯的语句组成，是因为交谈双方都遵循合作原则，相互配合。合作原则包含以下几个准则：

（1）量准则（Quantity Maxim）：指提供所需要的量，所提供的信息不应超出需要的信息量；

（2）质准则（Quality Maxim）：提供真实的信息，不要提供虚假的信息；

（3）切题准则（Relevant Maxim）：提供与话题相关的信息；

（4）方式准则（Manner Maxim）：提供的信息要清晰、明了、简洁。

格赖斯认为，这些准则的重要程度不一样，其中"质"的准则最为重要，是第一位的。

同时，他又指出，这些准则使谈话双方具备使用"会话蕴含"（conversational implication）的能力来解释对方的话语内容，以达到对暗示意义的理解。

2. 合作原则的跨文化差异

会话原则揭示了社会交往中人们运用言语达到相互理解的原理。然而，在跨文化交际中，会话准则不一定适用于所有的社会。不同的社会在文化取向、价值体系及生活方式和社会语言规则方面存在着差异。在不同的文化背景条件下，合作原则及其各条准则的适应情况应该是不同的。合作原则是建立在西方文化上的，是以西方言语交际通行的模式为标准的。它并非普遍地制约着各个社会人们的言语交际，用它来衡量其他文化中人们的言语行为时，会发现对会话原则的遵循存在着差异。

（1）量准则的差异

基南曾指出非洲的马达加斯加人的谈话不遵守量准则，所提供的信息量没有恰如其分，没有达到所要求的详尽程度，而是经常向对方隐藏交谈信息。比如当一位村民赶集回到村子以后，A 向他打听有关情况，对方习惯使用类似的话语进行回答：

A：What's new at the market？

B：There were many people.

B 的回答显然违反了量准则，因为他的回答根本就没有提供 A 所需的信息，集市有很多人，这是常识。如果我们将格赖斯提出的"交际所需要的信息"理解为"该文化背景条件下会话一方所需要的信息"，就可以认为说话人遵守了量准则，因为不情愿告诉他人自己获知的信息，对马达加斯加人来说是可接受的。马达加斯加人的讲话不存在量准则。可见，准则并不是普遍存在的。

（2）质准则的差异

东方人在公众场合发言时，在进入正题前常说自己的话是"抛砖引玉"，或者说自己的看法是"不成熟"的，这与质准则要求提供真实信息，不说自己认为是不真实的话相违背。在东方人的社会群体里，大家都认可这种违背质准则的交际方式，然而在跨文化交际中，不同社会的交谈者如果按照各自的质准则进行互动，就会产生冲突。比如一般欧美人在夸奖中国人时，中国人的回答常常是"没有没有，一般般"或者"哪里哪里"这类谦虚的回答。这样交际双方在遵守合作原则上有差异，欧美人首先考虑的是质准则和礼貌原则中的赞誉原则，他们说的是真话，而且言出有据；中国人则违背了格赖斯的质的准则，否定自己，强调礼貌中的谦虚。由此交际双方文化背景的不同造成双方应共同遵守的合作原则受到干扰。

（3）关联准则的差异

东方社会的一些国家，由于受到差序格局的社会结构的影响，社会中人际关系较为固定，地位较低者对地位较高者有顺从性，地位低的一方往往先用一些对方喜欢的话题作为开头，慢慢地找个合适的机会再进入正题，以融洽气氛，创造语境；而地位高的一方则可以随意扯开话题，控制话题，显得漫不经心，从而显示自己的权威。这种交谈方式与说话要相关、切题的关联准则是相冲突的，然而东方国家正是以这种方式来执行关联准则。

再如根据关联准则，在言语交谈中，问句自然会引出一个答句，任何形式的答句都可以被理解是一种答句。然而海姆斯考察印第安人的社会行为时却发现人们的对话似乎关联性不强，一条问句和答句中间有一段较长时间的停顿，一般来讲问和答之间会有五到十分钟的间隔。因为在他们的社会中回答并非强制性的，有时甚至被认为是愚蠢的行为。不经过深思熟虑的回答会被当作是草率的。

（三）礼貌原则

合作原则有助于说明语句的意义与语句的作用的关系，但是不能解释人们为什么会经常间接地表达意思。礼貌原则试图对合作原则进行必要的补充，解答言语交际中的一些语用语言与社交语用问题。

1. 礼貌原则的基本内容

利奇按照格赖斯制定合作原则的方式为礼貌原则制定了六条准则：

（1）得体准则（Tact Maxim）：减少表达有损于他人的观点。

①尽量少让别人吃亏；②尽量多使别人受益。

（2）慷慨准则（Generosity Maxim）：减少表达利己的观点。

①尽量少使自己受益；②尽量多让自己吃亏。

（3）赞誉准则（Approbation Maxim）：减少表达对他人的贬损。

①尽量少贬低别人；②尽量多赞誉别人。

（4）谦逊准则（Modesty Maxim）：减少对自己的表扬。

①尽量少赞誉自己；②尽量多贬低自己。

（5）一致准则（Agreement Maxim）：减少自己与别人在观点上的不一致。

①尽量减少双方的分歧；②尽量增加双方的一致。

（6）同情准则（Sympathy Maxim）：减少自己与他人在感情上的对立。

①尽量减少双方的反感；②尽量增加双方的同情。

关于礼貌交往，学者们还提出积极礼貌（positive politeness）和消极礼貌（negative politeness），积极面子（positive face）和消极面子（negative face）。积极礼貌或积极面子是对别人表示赞许，指的是人们在社会交往中所遵循的、正常的、对别人支持和有所付出的交往原则，强调双方在很多方面有所共享和取得共识；消极礼貌或消极面子是对强加行为的回避，强调交际者的个性方面，即个人的权利至少不全部受其所属群体或其群体的价值观念所束缚。

2. 礼貌原则的跨文化差异

礼貌是各社会群体共有的普遍现象，但是各个不同的社会群体所遵循的礼貌原则是有差异的，表现在礼貌的内涵、礼貌准则的侧重或选择，礼貌在言语行为方面的分布，相同行为中礼貌方略的选择等多个方面。

（1）礼貌内涵的跨文化差异

礼貌在各个社会的准确含义是大相径庭的。在礼仪之邦的中国社会，"礼"从古至今历来是制约人们的社会行为的最重要的规范，是维系上尊下卑等级秩序和亲疏关系的根本，贯穿在整个社会的各个方面，在社会生活的各个层次中都具有决定性的影响。礼貌原则的基本精神在很大程度上是等级的差别，该原则不是指西方社会中人们在人际交往中如何措辞等礼貌原则，也不是指西方社会强调人际平等的礼貌原则。礼貌原则和积极/消极面子是西方学者对西方社会交际规范的研究成果，不能直接用来衡量世界其他民族和社会。即使在西方大文化圈内部，礼貌原则也存在亚文化的差异，英国文化与希腊文化在礼貌原则上存在差异，希腊人整体上更倾向于使用积极礼貌策略，而英国人则更注重使用消极礼貌策略。原因在于希腊文化更重视群体内的关系，个人面子和关系密切的其他人的面子同样重要，而英国文化则要求一种相对疏远的关系，强调个人独立性，很少将个人的面子需求与他人或群体的面子需求联系在一起考虑。

（2）礼貌准则所侧重方面的跨文化差异

不同社会对礼貌准则的侧重和选择也有所不同。东方文化国家比西方国家更强调谦逊准则，英语国家更强调得体准则。在西方社会中得体准则是人们交际时最常采用的准则，人们在实施请示、命令、警告、建议、劝告等指示性行为必须遵循得体准则。因为西方社会以个人主义为中心，以平行或平等的关系为取向，个人利益和个人自由神圣不可侵犯，人们之间，即使是上级与下级之间，在实施指令性行为时都会被当作对个人主义的侵扰，采用得体准则可以减少对他人的损失，减少对别人消极面子的威胁。比如请别人做事时，会根据具体情境选用以下一些得体的言语：

Will you close the door？

Can you close the door？

Would you mind closing the door？

Could you possibly close the door？

在东方国家，人们遵循的最主要的规则不是得体准则，而是个人利益不得超越其社会身份的准则，在西方社会可能会威胁到对方消极面子的行为在中国社会中可能不具有威胁，比如上级对下级的直接命令被看作下级的分内之事，符合上下级之间权势的差异，不构成对面子的威胁。中国人和日本人在日常交际中更强调的谦逊准则，体现为卑己尊人，即贬低自己，抬高别人。比如中国人和西方人赠送别人礼物时会采用不同的言语行为，中国人在赠送礼品时，可能会贬低所赠之物从而达到卑己尊人的目的，他们可能说：礼物很轻，不成敬意，请笑纳。

西方人则可能说：

I thought of you when I saw this.

或者

Here is a little something to express my gratitude.

西方人的这两种方式强调的是得体准则，而不是贬己尊人的准则。

（3）礼貌行为分布的差异

礼貌行为在分布上也存在文化的差异。在中国社会，称呼是最能体现礼貌的行为，中国人常采用非对等式的称呼类型，地位较高者称呼地位较低者时使用非正式、熟悉的称呼语，地位较低者称呼地位较高者时使用正式、礼貌的称呼语，以此反映各自的社会身份、上下亲疏关系。中国人常使用头衔、敬辞、亲属关系名词进行称呼："姓＋头衔"是普遍使用的敬称，如"王主任"；敬辞与自称和表示平等关系的中性称呼平行，各有一套系统，丰富复杂，比如同样是称呼孩子，对别人孩子的敬称有"您家公子""令郎""您家千金""令爱"，对自己的孩子则称为"我儿子""我女儿"或者"小儿""犬子""小女"；亲属关系名词不仅仅用来称呼家人、亲属，还可以用来称呼朋友、陌生人，既表示尊敬，也用以拉近双方距离，比如在街上向陌生人问路可以直接称呼别人"叔叔""大哥"，对熟人可以称呼"李阿姨""张姐"，这种现象在西方是罕见的，西方人无法理解朋友之间可以称兄道弟。可见，称呼语在中国有着极为严格的社会规范，并高度格式化、公式化，体现中国人卑己尊人的礼貌习惯。而在西方社会，特别是美国，由于文化取向、社会格局、人际关系与东方截然不同，称呼语偏爱对等式，不论职位或地位的高低，人们越来越倾向于直呼其名，一个人除了对医生称呼头衔以外，对上司、长辈、父母等都可以直接用名字，东方人常常不能理解儿子可以对父亲和其他长辈直呼直名。在对欧美人和东方人进行的跨文化交际问卷调查中显示，欧美人普遍不接受别人不加任何头衔只单独称呼他的姓，而绝大多数倾向于称呼名字，也可以接受别人称呼他的昵称或全名；而东方人则对称呼的接受情况呈多样性，姓、名、全名、昵称及头衔都是可以的。当然在双方初次交往，同时权势关系突出的场合，双方会采用非对等式称呼，常用"头衔＋姓"表示尊敬，如"Professor

Smith"，法语中采用"tu"和"vous"区别，然而敬称系统远没有中国的复杂。

（4）相同行为中礼貌方略的跨文化差异

不同文化在实施相同的行为时，采用不同的礼貌方式。在邀请行为上中西方存在着很大差异，在中国提出邀请，被拒绝，再提出邀请，又婉拒，最终邀请成功，是常见的互动方式，比如：

小张：李局长，我想请您一起吃个饭，不知道您有没有空？

李局长：不用不用。

小张：您别客气，我早就该请您了。

李局长：真的不用了，不用去麻烦。

小张：一点儿也不麻烦，反正我也要吃饭，您一定要来啊。

李局长：那好吧。

中国人发出邀请和接受邀请的过程是一个自我贬抑的过程，小张表达邀请李局长的强烈愿望并坚持对方一定要来，以示对李局长的敬意，而李局长尽力推拒，表示邀请自己是不必要的。而在西方，邀请行为是经过一段协同过程一步一步实现的，比如：

S：Would you like to have dinner with me？

A：Fine，when are you free？

S：How about Sunday？

A：Well，I'm free on Thursday.

S：Okay，what time is suitable for you？

A：How about 6：00 pm？

S：Okay.

这段邀请体现出的是西方社会两个平等独立的个人之间的一个协商过程，S 发出邀请，没有强迫之意，A 直接接受邀请，双方坦诚直接地商讨时间等细节。一般来说，西方人会采用高度公式化的语句来体现礼貌方略，比如：

Can I buy your dinner？

Do you have time to eat lunch？

Can I treat you for dinner this evening？

Are you busy to eat？　How about we eat something？

Can I invite you for lunch？

Hi，Mr / Mrs __，are you free __？　I'd like to treat you to a meal.

I'll take you out for a nice steak dinner.

What are you doing for lunch today？　You want to join me？

（四）言语行为与跨文化交际

言语行为是交际过程中的最小单位，人们日常交往中的问候、拒绝、威胁等都是言语行为。英国哲学家和语言学家奥斯汀和塞尔提出言语行为理论，研究语言与交际的关系。在不同的社会中人们的言语行为策略存在差异。

1. 言语行为理论的基本内容

奥斯汀的三分法提出人在说话的时候，在大多数情况下同时实施了三种类型的行为——言内行为、言外行为、言后行为。

（1）言内行为（locutionary act）：指的是"说话"这一行为本身，即发出音节，说出单词、短语和句子，即以言指事。

（2）言外行为（illocutionary act）：指的是通过说话这一动作所实施的行为。人们通过说话可以做许多事情，达到各种目的，如传递信息、发出命令、威胁恫吓等，即以言行事。

（3）言后行为（perlocutionary act）：指的是说话带来的后果，通过言语活动使听话人实现某种行为或结果，即以言成事。

言内行为通过说话表达字面意义，言外行为通过字面意义表达说话人的意图，言后行为是说话人的意思被听话人领会后所产生的变化或结果。言内行为和言外行为通常同时发生，言后行为不一定发生，如果听话人没有领会意图或者产生其他结果，就不会发生言后行为，造成交际障碍或失败。三种行为中言外行为是语言交际的中心问题，它反映说话人使用语言表达自己的意图。塞尔把言外行为分成五大类——阐述、指令、承诺、表达、宣告。

（1）阐述类（representatives）：指说话人对某事做出一定程度的表达，对话语所表达的命题内容做出真假判断。英语这类动词有 assert，state，claim，affirm，deny，inform，notify，remind 等。

（2）指令类（directives）：指说话人不同程度地指使听话人做某事，让听话人即将做出某种行动。英语这类动词有 request，ask，urge，demand，command，order，advise，beg，invite 等。

（3）承诺类（commissives）：指说话人对未来行为做出不同程度的承诺，说话人即将做出某一行动。英语这类动词有 promise，commit，pledge，vow，offer，refuse，guarantee，threaten，undertake 等。

（4）表达类（expressives）：指说话人在表达话语命题内容的同时所表达的某种心理状态。英语这类动词有 apologize，condolence，thank，welcome，congratulate，deplore 等。

（5）宣告类（declarations）：指话语所表达的命题内容与客观现实之间的一致。英语这类动词有 declare，nominate，appoint，name，christen，bless，resign 等。

人们话语中常常采用这些动词来实施相应的行为，然而实际话语中，受到权力关系、社会距离、要求大小等因素的制约，说话人也可能不用这些动词，而"转弯抹角"地实现某一言语行为。比如指令类言语行为"我要求你把窗户打开"，可以通过询问行为"你冷吗"实现。因此，语言表达具有间接性，一种以言行事通过另一种以言行事来实现。

2. 言语行为的跨文化差异

交际中人类实施各种行为，不同社会由于文化的差异，人们采用不同的方式实施言语行为。下面以请求和恭维两种言语行为说明不同文化的差异。

（1）请求

英美文化中请求行为可以分为六类：

①需求陈述，常用于工作中上司对下属，家庭中长者对年轻者；

②祈使，常用于家庭成员，地位较高者对地位较低者，或平等关系的人之间；

③内嵌式祈使，常用于被请求的事或行为极困难，或请求者是受惠者时；

④允许式请求，用于工作或家庭环境中地位低者向地位较高者请求时；

⑤非明晰或问句式请求，常用于地位或年龄相差悬殊时地位或年龄低的一方；

⑥"暗示"式请求，常用于交际双方关系密切，共享最充分的情况。

这六种请求方式是请求时直接或间接程度的差异，祈使和暗示是直接和间接的两个极端，反映了英美人请求言语行为实施的方式。与其他社会相比，英国人和美国人的言语行为更为间接，比如在以色列人的希伯来语中，英语中的请求语句会失去其"请求"之力，以色列人习惯更直接地表达他们的请求，他们很难把英语中的请求行为理解为请求行为。同样，中国人的请求行为被认为过于直接，或过于间接：在地位较低者对地位较高者或下级对上级发出请求时，中国人常以暗示的方式小心谨慎地请求别人做事，显得过于间接；而当地位较高者向地位较低者要求做某事时，则可以名正言顺地直接发出指令。

（2）恭维

在恭维语的句法结构、话题及回应上，汉语和英语存在着差异。在句法结构上，英语和汉语都高度程式化，而两种语言仍各有特殊之处：英语中"I like/love NP"是美国人使用频率极高的句式，这种句式在中国文化中几乎失掉了"恭维"之力；汉语中的形容词常与副词连用才能表达其恭维之力，表示肯定意义评价的形容词几乎离不开副词。恭维的话题中美差异明显：美国文化中他人的外貌或所属物是常见的恭维对象，而在中国正式场合中对女性外貌的恭维可能是不恰当的，一位美国留学生由于在中国夸一个女孩"你很性感"，受到对方的冷遇，一个中国女士因在美国的超市被一个陌生男子夸"你真漂亮"而感到尴尬不已；在美国文化中，恭维能力和成就应该由社会地位较高的人向地位较低的人发出，而在中国下级可以对上级的能力和成绩进行恭维，目的是取得上级的好感。

总的来看，面对恭维，美国人比中国人更倾向于同意，中国人比美国人更倾向于不同意。就具体回应方式来看，美国人表达同意时多采用欣赏的方式，中国人表达不同意时更倾向于采用贬低的方式。

从合作原则、礼貌原则和言语行为理论这三种语用学理论来分析人们的跨文化交际实践，可以得知不同文化中语用规则的差异是很大的，处于跨文化交际中的个体应该了解双方的差异，遵守所在社会的语用规则进行得体的表达和交际。

第四节　跨文化交际中的交际能力与跨文化交际意识

一、跨文化交际中的交际能力

面对世界一体化的大环境，每一个人都在经历着翻天覆地的变化——跨文化交际已成为不可逃避的事实。在跨文化交际中，如何进行有效的交际成为一个新的课题。

（一）跨文化交际的主要障碍

1. 交际参与者潜意识地夸大了人与人之间的相似性，忽略了不同文化背景下人与人之间存在的差异。属于同一个物种的不同个体的人，他们之间存在着诸多的相似之处是毋庸置疑的，但是，所有的这些生理和心理上相同的需求不能满足这样一个事实：不同文化背景下成长的个体，对于如何满足这些人类共同的需求是截然不同的。在跨文化交际的过程中，仅有这些人类的共同的生理、心理需求是远远不够的，是无法有效地交流思想，传达信息的，其中扮演着至关重要的角色的应该是文化。正如 Vinh The Do 所说的："If we realize that we are all culture bound and culturally modified，we will accept the fact that，being unlike，we do not really know what someone else 'is'．"

2. 交际参与者来自不同的国家、地区、民族，他们拥有自己的语言，语言的差异成为跨文化交际中又一大障碍。语言的差异是跨文化交际中第一道必须跨越的障碍。作为交际的主要手段，语言不通，交际就无法进行：词汇、句法、成语、俚语、方言无不一一横在交际参与者面前，成为拦路虎。更糟糕的是，语言学习者往往仅仅掌握了新语言中字、词的词典意义——因为这比较容易掌握——而忽略了不同文化所造成的语言的文化外延以及语境所带来的影响。比如，英语短语 "kick the bucket"，其字面意义为 "kick the pail"，这对于英语的学习者来说不难，但是它的另一层成语意义却知之甚少—"die"。再比如初学英语者每每听到 "Won't you have some tea?"，第一反应就是 "No"，表示 "不，我想要"。但主人理解为 "No，I won't"，真正以为客人不想喝茶，那么客人就只好忍受口干舌燥的煎熬了。由此可见，语言的差异同样会阻碍有效的跨文化交际，甚至会导致交际的失败。

3. 语言的差异会造成交际的失败，同样的，非言语行为——一种辅助但不可缺少的交际手段也会对跨文化交际的成与败产生重大的影响。绝大多数外语学习者往往把语言学习放在首位，以期与外国人可以进行有效交际，却忽略了人际交流的另一重要、不可缺少的形式——非言语行为。孔子就十分重视非言语行为，他主张人们要多用姿势容貌方式进行人际交流，提倡人们与别人交际时先要"察言观色"，见什么人做什么姿势。荀子也提出人们要"礼恭""辞顺""色从"，而后才能交流。西方学者 David Abercrombie 说："我们用发音器官说话，但我们用整个身体交谈。"Edward T.Hall 也指出，"时间讲话""空间说话"。由此可见非言语行为在交际中的重要性。正因为其重要，再加之不同文化中不同民族通过观察和模仿所形成的各民族特有的非言语行为，跨文化交际则更加复杂化了，更加容易造成交际失败，甚至造成严重的误会——因为不同的文化成员偏向于在自己的文化框架中解释另一种文化成员的非言语行为。

4. 偏见和刻板印象是跨文化交际中的另一障碍。尽管人们没有经历过与另一种文化的碰撞，但是周围环境可能使我们已经对它有一种先入为主的印象，这就是刻板印象，或称作偏见。比如，人们普遍认为法国人浪漫，德国人严格，美国人随便。由于刻板印象往往是对于事物的共同点的概括，完全忽视了个体的区别，而且一旦形成则很难改变这种看法，因此刻板印象使得人们不能客观地观察另一种文化，失去应有的对个体个性的敏感，忽略了与刻板印象不吻合的现象，这无疑会妨碍人们与不同文化的成员相处，不利于顺利展开跨文化交际。

5. 跨文化交际参与者的文化已深深植入其内心，在跨文化交际中容易用自己的文化来评判不同文化成员的行为——民族中心主义，即按照本族文化的观点和标准去理解和衡量异族文化中的一切，包括人们的行为举止、交际方式、社会习俗、管理模式以及价值观念等。中国留学生留学国外常常感到孤独，找不到知心朋友，觉得周围的人对自己体贴照顾不够，常有世态炎凉的感觉。这就是中国留学生以中国文化中人际关系的标准来衡量西方社会的人际关系。在中国，人与人之间的关系比较密切，人情味浓厚，相互之间的依赖程度远远大于西方社会。而西方的很多国家，他们崇尚独立，人际关系较为疏远。同样，西方国家的人来到中国，也会不自觉地以他们的标准来衡量周围的一切，感到多方面的不适应。民族中心主义使得交际参与者在跨文化交际中不自觉地对异族文化成员的行为予以评价，缺少交际中必要的移情，导致交际失败。

6. 身处完全不同的异族文化中，对陌生的文化、环境缺乏安全感，心中的紧张和重重焦虑油然而生。紧张和焦虑在跨文化交际的过程中是最为普遍的现象，这是由于在即将开始的交际过程中存在着诸多交际双方无法把握的不确定性。由此可见，对于交际双方来说，紧张和焦虑都是存在的。不过对于外来者似乎更为严重。一个交际者身处完全不同的异族文化中，刚刚离开了自己熟悉的生活环境，失去了亲人朋友的关怀与呵护，面对新文化成员的拒之门外，感受到完全不同的价值观念、角色期望，心中的极度紧张和焦虑使他们无法与新文化成员有效地交际。要进行有效的交际，首先必须获得跨文化交际能力。

（二）跨文化交际能力的培养

1. 了解跨文化交际能力的构成要素

（1）全球化的心态：不能再把眼光局限于自己的国家、民族、文化，而应放眼世界，开阔视野，了解整个人类社会，了解异族人民与我们的相同之处，更应该看到异族人民与我们之间差别的客观存在，并尊重这些差别。尊重差别，调解冲突，紧跟世界一体化的大潮流，求大同，存小异。抱着这样的全球化心态，认识到跨文化交际的必要性、不可回避性，才能为成功的跨文化交际打下坚实的基础。

（2）异族文化的认知能力。在交际中尽量设身处地，将心比心，站在对方的立场去思考、去体验、去表达，以彼之文化准则解释和评价彼之行为。只有具备了这种对异族文化的认知能力，面对全球化的今天，跨文化交际参与者才能在跨文化交际的过程中，客观认识本族文化与异族文化之间的区别，才不会被本族文化蒙蔽，而阻碍有效的跨文化交际。

（3）自我提升的能力。首先克服语言障碍，再逐步了解异族文化与本族文化的差异，并把这种理性的认识结合实践，在交际的失败中积累感性的经验，有意识地培养自己的文化敏觉力——对不同文化之间差异的敏感性，并逐步在有意识的学习、提醒中实现不自觉的自我提升。除此之外，移情能力的培养也是提升自我的一个重要方面。移情者在承认个人和文化之间存在大量差异的前提下，充分认识自我，然后悬置自我，打开别人的心扉，从彼之地位来思量、评价彼之行为，从而帮助交际取得成功。

（3）互动的调整。有意识地从语言的运用、交际行为的灵活调整、对交际的操控以及交际者自身的文化身份四个方面对交际进行调整，取得跨文化交际的成功就不是雾里花、水中月了。交际者应在跨文化交际中首先认识自我，然后悬置自我，准备移情，最后要重建自我，保持自己的文化身份。

2. 如何培养、提高跨文化交际能力的措施

（1）跨文化交际者应该打下坚实的语言基础，要克服语言的障碍。跨文化交际者应通过营造一定的语言学习环境，从听说读写各个方面来提高自己的语言水平。只有语言水平提高了，交际才成为可能，交际者才迈开了接触、认识、了解异族文化及其成员的第一步，才可能在交际中逐步培养跨文化交际能力。

（2）语言不仅仅是一种用以交际的符号，同时又承载着丰富的民族文化，因此跨文化交际者在掌握语言符号的同时，应该不断积累大量的文化知识，从价值观念、世界观、民族性格、思维方式、角色期望各个方面了解一个陌生的文化，并将其与本族文化进行对比，找出异同，承认本族文化与异族文化之间差异的客观存在，在保持自身的文化常态的同时融入异族文化，尊重并了解这些差异，为自己的跨文化交际打下坚实的文化基础。

（3）广泛的交际实践是不可避免的。只有勇于进行实践，才能在实践的成功与失败中总结经验，才能真正地提高自己的跨文化交际能力。"实践"的最好的办法当然是进入异族文化，与异族文化成员面对面地交际。感性的体验，加上理性的总结，无疑可以很快地提高自己的跨文化交际能力。但这并不是唯一的方法。在语言学习过程中，将生动、鲜活的原语材料变为实践的对象，再与原语材料进行对比、总结，这同样也是一种实践。

（4）跨文化交际者必须具备良好的心理调节能力。最初新鲜事物所带来的好奇与兴奋，后来身处陌生文化中的孤独与无助，对熟悉生活环境、文化氛围的眷恋，面对一次次交际的失败而产生的挫折感，甚至遭受到异族文化成员的嘲笑、排斥，这一切都使跨文化

交际者在心理上承受着剧烈的起伏。如果自身无法从心理上进行调节，那是不可能胜任跨文化交际的。因此，在从事跨文化交际的过程中，必须具备良好的心态去面对各种心理上的变化。

二、跨文化交际意识

（一）跨文化交际意识的培养及其重要性

语言是文化的载体，文化是语言所承载的内容，人类文明通过不同的语言表达出来。在语言习得的过程中，人们不仅仅学习了某种语言，更应该注重理解这种语言所承载的文化内涵。因此，在外语教学的过程中，培养学生的跨文化交际能力非常必要，也是非常重要。掌握一门语言并不代表能够使用该语言进行顺利的沟通和交流，在交际中，除了语言本身，往往还涉及两种不同文化、思维模式等的转换。为了实现良好的沟通和交流，了解该语言所承载的文化内涵非常重要。因此，在教学中要注重培养学生的跨文化交际意识，提高学生的交际能力，使语言学习者具备能够根据话题、语境、文化背景讲出得体、恰当的话的能力。这种能力反映出学习者对该语言所代表文化的了解程度。语言的得体性是交流能够顺利、有效进行的前提条件。语言和交际不可能脱离文化而单独存在。正如美国外语教学专家 Winston Brembeck 所说"采取只知其语言不懂其文化的教法，是培养语言流利的大傻瓜的最好办法"其后果是严重的。因此，从某种意义上说，学习语言就是学习该语言国家和民族的文化，不了解文化就不可能真正掌握好语言，也无法实现良好的沟通和交流。

1. 跨文化交际意识的主要体现

来自不同文化背景的人说话方式有很大差别，主要体现在以下几个方面：

（1）日常交际

在日常交际中，学生很可能会说一口流利的英语，但是却往往忽视了文化差异，导致交际失败，造成不良影响。例如：美国中美友好志愿者协会的一位年轻的男志愿者到我曾经任教的高校教学，课间，学生们出于好奇就问："Do you have a girlfriend?"这位刚刚大学毕业的年轻的男志愿者回答："It's my business."而且这位志愿者显得很生气。学生们很不理解，认为问问这个问题有什么奇怪的，你不回答也就算了，干吗生气啊。事实上，这是因为学生们不了解美国人对于自己的年龄、婚姻状况、工资收入等均视为隐私，不必要告知别人，也不会主动涉及此类敏感话题。否则，会引起别人的反感。因此，出现上述交际障碍的根本原因就是学生们忽视了两种文化的差异，也是平时教学中教师忽视了对学生进行跨文化交际意识的培养所致。

（2）语篇结构

英汉两种语言的篇章结构与其思维模式相关，思维模式的不同导致语篇结构方面的巨大差别。人们说话或写文章往往受本民族思维方式的影响，因此在篇章结构上有各自的风格和特点。就英汉两种语言而言，我们往往认为汉语注重意合，而英语重视形合。例如：

今天下午没课，我想去逛公园。There is no class this afternoon, so I am going to go to the park. 从这两个中英句子我们可以看出，汉语中并没有使用"因为……所以……"这样的连词，但是我们可以从句子的逻辑关系看出这是一个因果关系的句子。但是在英语句子里用到连词"so"。因为英语是一个比较依赖连词来表述句子之间关系的语言。因此，在英语写作中，连词的使用频率是比较高的。此外，英语的段落经常会有主题句，主题句的位置一般位于段首、段中或段尾。每个段落只有一个中心意思，段落内容必须与中心意思密切相关，并通过一定的逻辑关系连接起来。此外，英语段落在写作中注重连词的使用。而汉语句子成分之间，句际之间则没有英语那么多的衔接手段，因此句子显得松散，句子间多靠语气联系，或靠意合法。因此，在教学中经常会发现，学生在英语写作时，往往按照汉语写作的模式来进行构思，不能很好地掌握运用英语段落组织的规律，学生写作时一般会以语义为中心，但是在句子和段落的衔接上不会注重或者说没有意识到英语文章的完整性和统一性。

（3）遣词造句

受思维模式、文化、习俗、传统等因素的影响，英汉两种语言在句法结构和文化背景等方面都存在很大的差异。在翻译过程中，既要忠于原文，又要做到流畅，文字典雅。这要求译者要理解原文的表层结构和深层结构。因此，遣词造句是翻译质量的重要保证。

2. 培养跨文化交际意识应遵循的原则

在外语教学中，怎样渗入跨文化交际内容和培养学生的跨文化交际意识。束定芳、庄智象（1996）认为英语基础阶段的文化导入必须遵循以下几个原则：

（1）实用性原则

要求所导入的文化内容与中学生所学的语言内容密切相关，与日常交际所涉及的主要方面密切相关，文化教学结合语言交际实践，可以不使学生认为语言和文化的关系过于抽象、空洞和不可捉摸不定，从而激发学生学习语言和文化的兴趣。例如，在教学中可以从英语中表示歉意、问候、打招呼、购物、借书、打电话、问路等日常用语学起。例如英语的问候用语有"Hi." "Hello." "How do you do?" "Good morning/afternoon/evening."等，对于初次见面的人一般会用"How do you do?"，回答语也是"How do you do?"汉语中打招呼我们会说，"你去哪里？"或者"吃饭了吗？"这两种问候方式都是英美人士很难接受的，因为他们认为我去哪里是我的事，没必要告诉你啊。此外我们再如在购物、借书等情景中，汉语会用各种各样的方式来进行询问，但在英语里只用一句"Can I help you?"或"What can I do for you?"把这些在生活中经常遇到的情景搬到课堂上，让学生在学习的过程中学既学到了语言又了解了两种语言不同的表达方式，在潜移默化的过程中让学生慢慢地有了跨文化交际意识。

（2）阶段性原则

要求文化导入要遵循循序渐进的原则，根据学生的语言水平、接受和领悟能力，确定文化教学的内容，由浅到深、由简单到复杂、由现象到本质。教学过程中，在充分了解学情的基础上，可以分阶段、循序渐进地导入相关的文化教学内容，例如，表示歉意，我们通常会说"Sorry."事实上，在英语中表示歉意还可以用"Excuse me."但两者的使用范围不同。若是向某人问路，一般只说"Excuse me.Can you tell me how to get to…?"学生在初学英语时往往只会说"Sorry"，但是学到一定程度的时候，教师应该在教学中告诉学生这两种的区别及用法。同时，在阅读理解中，有的单词、短语也有其特定的文化内涵，教师应该在学生掌握基本词汇的基础上适时引入文化内涵。

（3）适合性原则

是指教学内容和方法的适度。对文化内容的讲解要有选择，对于主流文化或具有广泛性的内容，应该详细讲解，反复操练，举一反三。另外，由于文化内容本身就广泛而复杂，因而教师要鼓励并指导学生学会如何进行大量的课外阅读和实践，以增加文化的积累。语言材料的教学离不开文化背景知识的教学。文化教学可以帮助学生把握学科内以及跨学科之间的联系。培养学生的跨文化交际意识，对理解语言尤为重要。可以把课文中散落的文化知识点贯串起来，给学生加入文化知识的介绍和讨论。此外，还可以介绍当今世界的几种打包给学生，开拓学生的视野。

基于上述原则，外语教师在日常教学中应该重视培养学生跨文化交际意识和能力，让学生在掌握语言的基础上能够了解该语言的文化内涵，从而达到有效沟通和交流的目的。

语言、文化就像一对双胞胎，在语言学习的过程中，二者相辅相成，缺一不可。因此，没有哪一个语言学习者在不了解文化的情况下，能够轻松、熟练地运用该语言进行有效的沟通和交流。因此，在外语教学中注重学生跨文交际意识和能力的培养是外语教师的职责和使命。

随着经济社会的发展，跨文化交际成为社会发展的主流，各国之间的交流日益频繁，而英语成为各国进行交流的必要工具，学习英语，用英语的人日趋增多，学习英语不仅仅是利用它进行交流，更多的是学习这门语言所蕴含的文化，如果只是单纯地学习英语这门课程，而脱离了内涵，那我们所学到的英语只是它的外壳，掌握不了语言中所包含的文化信息，不仅会造成语法理解错误，更会影响人们之间的正常交流。学习跨文化只有去了解文化背景，才能学到真正的内涵。

（二）教学中跨文化交际意识的导入

1.在英语教学中跨文化意识的导入的必要性和可行性

（1）英语教学中跨文化意识的导入的必要性

①认识中西文化的差异，了解英语国家的社会，有利于学习英语交往的能力，每个国家的风俗习惯不同，在我国，吃饭时一般使用筷子，在特殊的情况下才会使用叉子，而在西方国家，他们不会使用筷子，只能使用叉子，我国吃饭时会热情款待，而对于西方国家来说，这是很虚伪的一种表现。由此可见，中西方国家的文化差异是很大的，所以跨文化

交流是很有必要的。

②理解英语的文化背景有利于提高交流阅读的能力，在学习英语中，阅读理解能力是一种综合的能力，一篇文章能不能读得懂，不仅要有语言知识，还要有一定的专业文化知识背景，文章的作者写文章的时候对内容的背景是很熟悉的，所以读者如果不具有一定的对文化背景的了解，很容易导致对文章理解的错误。

③英语教学中文化背景的介绍可以拓宽学生的知识面，教师在教学过程中，向学生介绍相关的文化背景的知识，指导学生了解西方的文化，教师可以在过节日的时候向学生介绍相关英语节日的由来和节日的风俗习惯等等，比如圣诞节、万圣节、感恩节，将这些节日和我们国家的节日对比，发现不同和相同，激发同学的学习英语和了解它们的兴趣，从而扩大学生的知识面。

（2）英语教学中跨文化意识的导入的可行性

①学生朝气蓬勃，意气风发，对外界充满好奇心，喜欢做有挑战性的事情，无所畏惧，对于外来的文化，刚开始会存在好奇心，所以，存在差异的文化会有极大的兴趣。

②在教学过程中，教师可以通过做游戏、讲故事等方式来激发学生的乐趣，通过平时教材讲解和练习题，让跨文化随处可见。

③单纯地依靠教师的讲解远远不够，还要依靠网络的力量，通过各种渠道来获取信息，提高英语交流能力以及跨文化的意识。

2. 英语教学过程中跨文化意识导入的现状

英语教学的任务是培养学生学习到不同语言的能力，不同文化背景下人们的交流能力，但在实际教学中，人们对英语的认识还远远不够。

（1）重视最终的成绩，却忽视了学生的实际能力。我国现阶段的应试教育面对的是考试，只注重最后的考试成绩，真正学到的多少并不在乎，用分数高低来判定一个人的能力是远远不够的。高分并不代表他学到的就多，同样，分数低的并不带表什么都不会。

（2）缺少导入跨文化意识的激情与活力，平时的学习中，不管是教师还是学生自己，都是最在乎成绩的，不愿在与学习英语无关的事情上浪费时间与精力，缺少激情、信念与动力。

（3）习惯传统的教学模式，对跨文化意识的培养认识不到位，很多英语教师通常认为学生学习英语的目的就是会说英语，但只会说英语是不可以的，英语语法结构，句子的组成，都是需要有英语功底的。而教师只是向学生传授单词和简单的语法知识，所以只靠教师是不够的，要培养跨文化的意识需要自己去认真思索英语的文化。在课堂上面对的都是我们中国的学生，没有和外国人待过，导致真正接触外国人的时候根本不知道怎么表达，尽管英语语音、语法学得很好，到真正交流的时候却说不出来想要表达的。教师忽视了在实际生活如何中学好英语。

3. 怎样才能在英语教学中进行有效的跨文化意识的导入

（1）教师要从自身做起，提高素质教育，加强自己的跨文化修养。教师是学生成长大路上的引路人，要认识到跨文化意识导入的重要性，多方面的接触，深刻理解并掌握，全面地向学生传授知识。

（2）充分利用课本有效的资源，学习英语，课本是必不可少的，但仅仅依靠课本是不够的。利用课本充分挖掘内在的信息，落到实处。比如单词的意思和文化的关系最为密切，一个单词会有很多种意思，但每层意思可能会相差很大。精读课本也是获取信息的必要途径，培养学生的综合能力。听力更接近我们的日常生活，通过听听力来提高我们平常的口语交际。

（3）利用多渠道，各种有效手段了解外国文化，课堂上进行分组比赛，角色扮演。角色扮演需要表演者主动创立真实的环境，考虑各种因素，还有与其他人物的关系，通过人物的语言来了解想要表达的信息，了解外来文化和我国文化的差异。通过网络搜集国外的一些照片，看电影，查文本资料来直观感受外来文化与我国文化的不同。

（4）建立校园英语角，利用课余时间在校园中学习英语，与不同的人进行英语对话，创造更多不同的语言环境，互相发现问题并进行交流，促进对文化的实际应用的机会，提高自己的语言表达能力。还可以邀请外籍教师来进行讲解，学生和老外进行口语交流，把自己的口语障碍告诉外籍教师，这样不仅可以提高自己的口语交际，还能丰富自己的文化素养。

学习英语成为全球的热潮，对外交往越来越频繁，越来越离不开英语。但不能单纯地去学习英语，而是要在学习它基础之上更深层次地去了解外国的文化，世界在变化，文化也发生着变化，离开英语，去运用英语是不可能存在的，所以在学习英语的基础上培养学生的跨文化意识，才能提高跨文化交流的能力，才不会被世界所淘汰，才能走在世界的前列。

（三）跨文化交际意识在大学英语教学中的运用

1. 普遍的英语跨文化交际能力薄弱

（1）学生英语口语表达动力不足

培养英语的听、说、读、写能力，被明确写入各级英语教学大纲。但出于应试教育的原因，我国的英语教学主要偏重语言形式（语音、语法、词义）的讲解传授，培养出来的学生大多数了解语法规则，却只会认读，不会听说，不具备跨文化交际能力，俗称"哑巴英语"。学生对于自己的英语表达往往没有自信，在读英语或说英语时总是羞于开口，不愿意说出来，生怕说错或是发音有误，受到老师的批评或同学的嘲笑。学生的英语交际能力的重要性在教学中仍未凸显，因此我国学生难以克服主动积极开口说英语的问题。

（2）学生交际能力训练不足

学生对西方国家文化以及风俗习惯不了解，找不到可以进行聊天的合适话题，因为不知道哪些话题是适当的，哪些是禁忌的。即使开始一个话题也很难深入地交谈，因为不知道哪些问题是可以向一个还不熟悉的外国友人发问的。语言能力是交际能力的基础，然而具备了语言能力并不意味着具备了交际能力。在英语教学中，教师往往比较重视语言的外在形式和语法结构，即培养学生造出合乎语法规则的句子，而忽视了语言的社会环境，特别是语言的文化差异，致使学生在接受多年系统的英语教学后依旧难以知道什么场合该说什么话，从而忽视了学生的跨文化交际能力。

2. 跨文化交际意识在大学英语教学中的运用

（1）英语教学注重学生跨文化差异意识的培养

英语教学需要传递给学生的不同的跨文化思维方式。思维方式对跨文化交际有很大的影响，由于中西方不同民族的思维方式不同，在口语交流过程中常常出现一些困惑，从而影响交际效果，甚至造成一些误解。因此，在英语口语教学中，让学生了解不同文化的背景知识，培养学生认识英语文化思维方式是非常有必要的。它是跨文化交际中学会准确、得体交际的前提，是培养学生跨文化能力的关键所在。大学英语教学过程中介绍文化背景知识时，要注重中西方文化习俗、价值观念和思维方式等方面的差异比较，因为中西方文化的差异主要根源在于中西方文化习俗、价值观念和思维方式等方面的不同。在思维方式上，中国人习惯采用归纳思维的方式，而英美人则习惯采用演绎思维的方式，因此在教学过程中对于课文的理解必须把握思维方式的差异，教师应结合文化和价值上的差异及思维方式的不同引导学生用英语思维，换角度换身份来理解文章内容，从而达到更好的教学效果。词汇的文化内涵是各民族在不同文化背景下产生对特定事物的独特感情评价及联想。词汇是文化信息的载体，各种文化特征都在本族语的词汇里留下它们特有的印记。因此在英语教学中可以抓住英汉差异类别，采用对比教学法，结合词汇的文化内涵进行词汇解释，扩充学生口语交际词汇。为了让学生得体地运用英语，英语课堂教学中的文化导入以及文化差异的比较可以以词汇为先导，通过词汇蕴含文化差异的比较，使学生认识并掌握中西方文化的差异，逐渐培养跨文化差异的意识，提高跨文化口语交际能力。

（2）跨文化英语教学与校园生活的融合

①引导学生广泛接触适合的西方文化材料

在跨文化英语教学中，教师要引导学生利用课外时间广泛阅读合适的西方英语文学作品、报纸杂志和时事评论等材料，从中汲取丰富的文化知识，拓宽西方文化视野，提高跨文化交际能力。另外，教师还要充分利用直观教具进行英语跨文化教学，如幻灯片、录像、电影等。英语录像、电影的内容本身就是文化某个侧面的缩影，不但能向学生提供反映文化的生活及社会场景，还有助于让学生通过真实的场景理解词、句的文化内涵。

②展开课外活动丰富英语文化教学

在教学课堂以外，课外活动是对学生进行文化意识导入的重要阵地，为了弥补大学英语课堂教学时间、内容等方面的不足，应更多地利用课外活动时间，给学生创造出更多了解英语文化，培养跨文化交际能力的条件和机会，如情景剧大赛、口语辩论赛等。充分调动学生使用英语的兴趣，在运用中培养跨文化比较意识，完成成功的跨文化交际活动。

综上，在大学英语教学过程中，广大英语教师应该更新教育观念和教学方法，不断补充教育学心理学的知识，把跨文化差异的知识传授贯穿于语言知识与语言技能的各个环节之中。当然，笔者要指出跨文化交际能力的培养并非只重视文化而不重视语言，也不是以文化为中心，而是从文化的角度去教授语言。作为大学英语教学的有机组成部分，跨文化交际能力的培养也是一个长期的系统工程。大学英语教师应在培养学生获取语言知识的同时，培养其社会交际的能力，这是英语教学重要的任务之一。

（四）中学生跨文化交际意识培养

语言是人类沟通的主要的手段，任何一种语言都承载着当地的文化，不能脱离社会而单独存在。在语言学习过程中，学生有必要了解某个地域的文化。在中学的英语课堂中，很多教师都忽略了学生跨文化交际意识的培养，导致学生整体的英语知识及能力掌握得不均衡，不但影响了教学质量，还影响了学生的未来发展。

1.跨文化交际意识培养

跨文化交际是建立在不同的语言和文化背景基础上的，跨文化交际的双方必须属于两种文化背景，而且是用同一种语言进行的语言交际。在当前的教育环境中，人们对于教育的问题也有了全新的认识，从传统的应试教育逐渐地转变为对学生综合素质及能力的培养。特别是在时代进程不断加速的今天，人们的生活与经济正面临着全球一体化的新局面，为了满足社会的需要，课堂中的教材和教育模式也都发生了转变。培养学生的跨文化交际意识是时代发展的必然趋势，中学阶段正是人的意识和观念养成的时期，对于教育来讲更是最佳的教育时期，培养中学生的跨文化交际意识不仅有利于丰富学生的知识视野，使中学生能够掌握到更多不同的文化，对于他们未来的学习和应用都有着积极的促进作用。

语言本身就是文化当中最为重要的组成部分，而语言的学习又必须建立在一个地域或一个国家的文化背景的基础上，学生必须充分地掌握语言所属地域或国家的文化，才能正确进行语言的交流和应用。就如我们的国家而言，不同的地域还存在着不同的语言，而每个地域也都有着属于自己的文化，这种文化上的差异也就形成了不同的语言交际，想要学好对方的语言就要先了解当地的文化，这对于跨文化交际来讲亦是如此。

2.中学生跨文化交际意识的培养策略

学生学习英语的目的是为了拥有跨文化交际的能力，从而实现与不同地域的人进行交流和互动的目的，对于英语教师来讲，学生能否掌握这种能力在于教师的培养，然而在当前的英语课堂教学环境中还存在着很多的问题，影响着中学生跨文化交际意识的培养，这就需要相关的中学英语教师能够及时地认识到教学中存在的不足，寻找适合的教育方式，来培养中学生的跨文化交际意识和能力。

（1）教师自身素质及能力的提升是中学生跨文化交际意识培养的重要前提

教师作为学生的引领者，对学生的英语学习具有直接的影响作用，是课堂当中的灵魂人物。在中学英语的教学过程中，培养学生跨文化交际意识固然重要，但前提必须依靠于英语教师的倾囊传授，这也就意味着教师的观念和教育方式也要进行转变。英语教师不但要对本国的文化进行全面的了解与掌握，更要对西方国家的文化与背景掌握透彻，这样，在教师的认识领域中，才能对中西方文化有个清晰的比对思路，在实际的教学中就可以将中西方的文化差异进行明确的划分。跨文化交际意识的培养本身涉及的领域与知识就是非常丰富的，在教学的过程中难免会遇到文化差异，如果教育工作者欠缺这种文化知识或能力，那么就会直接影响到他们的实际教学效果，因此，培养中学教师的综合素质及能力是非常有必要的。

（2）中西方文化差异的比对为英语教学奠定良好的基础

中学阶段正是接触英语的初始阶段，学生很容易因西方文化的差异而造成学习上困扰，影响了知识的理解和应用。中学英语教师就要做好教学的引导，在实际的教学过程中，加强中国与西方国家不同文化的比对，让学生了解到中西文化之间的差异，从而为英语教学奠定良好的基础。

例如：在我国的文化中，常常将狗联想成比较反面的词汇或形象，大多数都是贬义词，比如：狗仗人势、狐朋狗友、狐群狗党等。西方国家认为狗是人类最好的朋友，在 dog 的运用上也多为褒义，如：a lucky dog（一个幸运儿），work like a dog（拼命、勤劳的工作），top dog（优胜者、团体的领袖，老板）。再如，西方人与人之间的称呼大多比较笼统，多数用先生或小姐作为称呼，而先生在我国传统文化中的意思是教师；西方友人见面的时候会以亲吻礼来体现，但是在中国通常都是点头示意或者以握手的形式来体现，西方的见面礼节在很大程度上会让很多学生感到难以接受，这正是文化差异带来的影响；在中国，龙是尊贵的象征，但是龙在西方国家人的眼中却是邪恶的；在中国，人们常常会谈论一些与年龄、生活或者近况有关的事情，这对于西方国家而言涉及了个人隐私，会让他们产生反感。

综上所述，不同的地域存在着不同的文化差异，在实际的教学中，学生如果不能掌握这些文化之间的差异，就会在一些语法或单词的运用中感到迷茫而手足无措。加强中西方文化之间的比对，中学生就能对不同的文化有大致的了解，这样不但能够激发学生对文化差异产生兴趣，还能丰富自己的文化知识，有助于教师在未来的英语学习中奠定基础，从而提高教学效率。

（3）利用现代化教学资源开拓中学生跨文化交际视野

在当前的教育背景下，我国的教育机构发生了翻天覆地的转变，新媒体资源为教学带来了很大的便利。在中学英语的教学中，培养学生的跨文化交际意识是教学中的重要组成部分，这对于提高教学质量也有着直接影响。如果教师能够将新媒体资源融入相关的英语教学中，那么，相信这种教学手段会达到事半功倍的效果。

在传统的中学英语课堂中，虽然很多教师都有意识培养学生这种跨文化交际的意识及能力，但这也仅仅局限于教师的语言表述上，难免会让学生感受到课堂教学的枯燥，而语言的表述效果也会使学生在理解上出现偏差。在课堂上，教师应利用新媒体资源制作教学幻灯片或微视频，并搜集一些课本中没有的西方文化素材展现给学生，以帮助他们更好地学习英语。

在学习西方文化的时候，教师可以向学生呈现图片或视频，例如：西方国家中的建筑风格、国旗、主要饮食结构、重大的节日以及庆祝的方式等，教师将搜集到的图片或者视频让学生观看，这种直观上的理解要完全超过语言表述的效果，这不但能够增强学生对西方文化的认识，还有助于培养学生的探究能力。在业余时间，教师可以鼓励学生观看一些西方国家教育题材的电视节目，在了解西方文化的同时，还能积累更多的英语词汇。在这样的教育环境中，不但开阔了学生跨文化交际的视野，还带动了学生主动学习英语的乐趣。

（4）营造跨文化交际的学习环境，促进中学生英语综合能力的提升

任何一种教学都离不开教学环境，特别是对于一种语言的教学来讲，更加需要一个优质的学习环境才能达到最大的学习效果，英语教学的过程当中，综合了听、说、读、写等语言的理解和表达。如果语言的教学只是局限于短暂的课堂当中，那么实际的教学效果会大打折扣。因此，中学的英语教师就要为学生营造出这种跨文化的学习环境。

例如：在课堂中教师尽量利用英语和学生进行沟通，让每个学生搜集一些国外的文化，并一一陈述，讲述这些文化与中国的文化的差异。在业余时间里，教师可以让学生找一些国外的大型节日，并向学生讲述外国人是怎样庆祝属于他们的节日。再利用西方的电影或视频素材让学生了解西方国家在参与重大场合时的主要形式和穿衣的礼节等。让每个学生都参与文化差异的讨论中，让他们主动地寻找中西方文化之间的不同，加强学生自身的口语表达能力。同时，教师也可以在教室或走廊中张贴一些西方文化的常识或标语，让学生时刻体会到异国的文化。

营造这种跨文化交际的环境，不但能够带动中学生主动学习的意识，还能使学生在这样的环境中体验到跨文化交际的乐趣，在积累更多文化常识的基础上，丰富学生自身的知识涵养，从而提升他们的英语口语及表达能力。

总之，中学生的英语教学需要注重文化能力的培养。学生既要掌握英语基础知识的运用，也要不断地提升自身跨文化交际意识。跨文化交际意识的培养是学生学好英语的重要基础。作为教师，更要认识到跨文化交际意识培养的重要性，利用现代化的媒体资源，实现课堂中西方文化的实时比对和介绍，让学生在掌握不同地域文化差异的同时，懂得尊重和理解这种文化。

第二章 大学英语跨文化教学中的问题及其成因

第一节 跨文化交流背景下我国大学英语教学的现状

语言学习的最终目的就是进一步获得学习外族文化的能力，并充分掌握和运用目的语进行有效的交际。而在成功的交际过程中，除了可以运用好目的语的语言结构知识之外，还必须了解、掌握其语言所属文化特征。因此，我们往往在进行跨文化交流实践时会发现，影响到交流是否顺利进行的因素并非语言能力，而是文化障碍。也就是说，一个人在与自己的价值观、思维模式、行为准则以及文化习俗均不同的语境下，常常无法有效地、适宜地处理交流中出现的文化冲突，而导致了最终交流的不顺畅。因此，我们在语言交流时，必须对文化因素予以高度重视，最大限度地减轻它在语言交流时所造成的障碍。因此，我们必须明确和了解语言与文化之间的关系：首先，语言是文化的载体。由于语言具有承载文化信息及反映人类文化生活的功能，不同的社会习俗均会对语言的运用产生极大的影响。其次，语言是文化的一部分。文化是通过社会习得的知识，而语言则是在后天社会语言环境中所习得的知识系统。因此，语言与文化是有机的结合体，两者之间是密不可分。再次，语言受到文化的制约。各民族间均有着不同文化结构，这也导致了各民族间语言在表现形式上也呈现出多样性及差异性，进而直接影响到了民族间跨文化交流信息的准确传递。

当前在跨文化交流背景之下，英语教学的目的已经不再是传授英语的语法、词汇等基础知识，更为重要的则是如何培养学生的涉外的实际交际能力，着重培养他们如何使用英语有效地进行跨文化交流以及交际的能力。因此，我们应该认识到英语教学只是跨文化教育的一个极为重要的组成部分。而就我们目前实际英语教学来讲，这种跨文化教育基本都是在课堂教学中完成的，这也对我国英语教学提出了更高的要求，尤其是高等院校以及高职院校的校内英语教学方法必须加以创新与改革，彻底改变传统的、单纯地为了学习语言而教授学生的教学方法，有效地将跨文化教育以及跨文化交流有机地引进并融入英语课堂中去。近些年来，我国高等院校及高职院校毕业生的英语运用能力均有较大的提高，但是，大学生们的英语运用能力多停留于单纯的英语听、说、写之上，而未能达到在跨文化交流背景下进行有效的应用与交际，很难满足当前社会的实际需求。因此，我们只有在深入了解语言与文化之间的关系之后，在英语教学之中积极、有效地导入文化因素，进一步开阔学生的视野之后，不但可以有效地对学生进行语言交流能力的培养；同时，还会反过来进一步促进学生的语言学习兴趣，而达到事半功倍的教学效果。

一、跨文化交流背景之下中国高等院校英语教学中所存在的问题

目前，人们对跨文化的理解与教育的重要性缺乏足够的认识，更有一部分人认为英语的学习只是能够说一口流利的英语，可以与外国人进行语言交流就足够了。同时，也有一部分人认为，全面提高学生英语的听、说、读、写能力，就等同于掌握了跨文化交流的能力。这也充分体现出，大多数人并未能真实地认识到跨文化交流的本质所在。而就跨文化交流背景下，我国高等院校英语教学中所存在的问题而言，主要有以下几方面：

第一，对各族间文化因素差异缺乏充分的认知。由于传统的英语教学尚停留于语言传授和语法知识之上，并未充分地将语言的文化特性有机地纳入教学中去，对语言的工具性和交际性认知尚浅。因此，造成中国学生缺乏全面了解跨文化交流的特性，对不同文化因素的差异性也同样地缺乏理解，而造成了在跨文化交流时常常出现中不应有的错误。

第二，缺乏真实的语言环境。由于英语并不是我们日常的交流工具，这也造成了英语只能在课堂上或是一些英语沙龙等环境中使用英语，而缺乏更多的、真实的语言环境。加之传统的英语教学法也造成了英语教师基本成了英语课堂上的主体。英语教师照本宣科地传授，学生们则准规守矩地学习，被动地接受着教师传达的语法、词汇等英语的语言信息，这就极易造成对英语语言文化知识的传递与传授。

第三，中国人的思维方式被移植到英语的表达之中。很多的中国学生在实际的涉外交流时，常会将中国人的思维方式不假思索地、原封不动地移植到英语交流之中，甚至将中国文化与欧美文化等同起来，完全忽略了两者之间的文化差异。而中国学生在涉外实践交流中所出现的错误，恰恰多是因中国学生们只是简单地按照本国文化的模式来思维、表达、理解，完全忽视了两者的文化差异间的表达方式及意义，从而造成了许多不应有的错误。

第四，英语教材的编写及使用过程中忽略了语言的得体性。我国英语教材在编写过程中，多侧重于培养学生的阅读与理解能力，而对培养学生实际应用能力方面重视不够，也缺少应有的连续性。与此同时，英语教材中还很少涉及英美文化知识以及相关中国与英美两国文化差异的介绍，从而造成了学生对其风土人情、语言习惯等缺乏了解。另外，在应试教育背景之下，为了追求"升学率"，英语教学也多停留在培养学生的应试能力之上。这也造成了学生们在学习英语时，也是侧重于语法与词汇量上，脱离了实际应用，而对于外国的风俗习惯也不甚了解，往往形成了写文章时外国人看不懂、说话时外国人听不懂的现象，从而也进一步造成了学生们不敢用英语与外国人进行实际交流与交际的恶性循环。

因此，我们必须重视高等院校的英语教学中有效贯彻落实对语言知识和文化知识的统一传授，以两者齐头并进教学方针为指导，全面地、有机地将跨文化教育贯穿于整个的英

语教学中去，强化两者之间的均衡发展。

二、跨文化交流背景之下进一步完善我国高等院校英语教学的有效途径

跨文化交流背景之下，为进一步促使学生们充分意识到母语与英语之间的文化差异，有效避免或是消除因文化差异而引起的错误与困惑，我们必须对英美文化进行输入的过程中掌握以下几个原则：第一，实用性原则。即文化教学应以语言交际实践相结合，从而加深学生对语言与文化关系的认知度。第二，系统性原则。英语老师应在英语教学中系统地给学生们进行交际文化、知识文化的输入，但应避免在文化输入过程中的混乱倾向与盲目性。第三，阶段性原则。文化内容的导入必须以循序渐进为基础，由浅入深、由简至繁、由现象到本质。从而在逐渐开阔学生视野的同时，还可以提高他们对中外文化差异的敏感性与客观的鉴别能力。第四，适度性原则。不同文化的导入，应作为传统英语教学的一种补充、延伸，切不可以其为中心，避免出现本末倒置。过多的文化导入不仅会成为学生学习的阻力与负担，同时，还会导致学生出现盲目的崇外思想。因此，笔者认为跨文化交流背景之下进一步完善我国高等院校英语教学的可以从以下三方面着手进行：

（一）课堂教学方面

首先，利用、发掘现有教材中所蕴含的各种文化知识。现行大学英语教材中也同样蕴含着大量的文化背景知识，也有着诸多与文化背景知识有关的话题。因此，英语教师必须充分发掘现有教材中的文化内涵，并有目的、有重点地在课堂教学中随时加以补充与完善。这也有利于进一步引导学生们挖掘英语中特定的文化背景之下一些词汇的深层含义，使之全方位地理解和掌握词汇及相关语法的运用。

其次，营造英语的使用环境与氛围。语言教学离不开场景环境，因此，英语教师应积极地为学生们创设更多的、更接近现实生活的英语交流环境；并有意识地将语言形式与社会语境进行有机的结合，使学生们更加明确地了解和掌握英语国家的人在什么场合、什么环境之下应该怎样表达；全面掌握在实际交际之中的各种行为模式的规则及语言规则，从而有效提高学生们的语言技能。与此同时，英语教师还可以有效利用电教设备，有机地与文化背景知识相结合，调动学生去学习、理解文化背景知识的积极性，提高课堂教学的实效性。

（二）课外教学方面

要想全面培养、提高学生的跨文化交际能力，依靠课堂教学内容是不足够，必须适当地加强学生们的课外英语活动，这也是课堂英语教学的补充与扩展。因此，英语教师必须努力拓展课外教学的第二课堂，有效地引导学生们进行自主学习，积极参与各种课外的英语活动。如帮助、指导学生们阅读大量的英美国家的经典文学作品，全面积累英美文化背

景、社会文化关系、社会习俗等方面的基础材料。同时，还可以指导学生们开展英语沙龙、观看英语电影、组织英语讨论、英语戏剧的编排等。进一步促使学生们可以英语环境下，全方位地了解、认知英语的文化知识；还可以深入体会英汉两种文化之间的差异。

（三）提高师资队伍素质

英语文化输入及教学过程中，英语教师所处的位置举足轻重。英语教师不仅是单纯的英语知识的传授，同时，还必须具备更为丰富的知识与教学能力；并能在不同的教学阶段饰演不同的角色，发挥出不同的作用。在文化教学中，英语教师是文化信息的提供者，更是文化输入过程中的引导者、启发者及示范者；同时，还必须掌握好文化输入的"度"。因此，在跨文化交流背景之下，又对英语老师队伍素质提出了更高的要求，必须掌握更为丰富的中外文化知识；还必须在文化输入的同时，进一步促使学生们更加了解自己的民族及传统的优秀文化，并激发他们在学习英语过程中的爱国之情，避免出现盲目崇洋现象的发生。

英语教学的最终目的就是让学生可以顺利地进行语言交际及跨文化交流，而更多的英语教育者们也越来越意识到在跨文化交流的背景之下，全面培养大学生的英语交际能力的重要性。因此，高校英语教师必须在做好语言知识与能力的传授同时，更应注意培养、提高学生们对不同文化差异的认知与了解，并提高学生对文化差异的敏感性与鉴别能力；积极引导学生树立正确的英语学习动机，有效培养学生们的跨文化意识，全面提升其英语的实际应用水平，进一步提高学生们跨文化交际的能力，真正实现英语教学的最终目的。

第二节　大学英语跨文化教学中的问题

如今，经济全球化使得各国的交流日益频繁和紧密。在这个过程中，文化的碰撞和交流不可避免。《国家中长期教育改革和发展规划纲要（2010—2020 年》指出，我国大学英语教育要培养大批"具有国际视野、通晓国际规则、能够参与国际事务和国际竞争的国际化人才"。在这种情况下，跨文化交际能力已经成为国际化高素质人才应该具有的重要能力之一。大学英语教学作为在高校涉及面较广、教学时间较长的一门公共基础课程为培养学生的跨文化交际能力提供了一个良好的平台。跨文化交际的相关理论引入以来，我国外语教育界一直关注跨文化教学与外语教学的关系，已经取得了一定进展。2017 年最新制定的《大学英语教学指南》也将跨文化交际能力纳入大学英语教学中。可见，"单纯的语言教学已经不能实现国际化人才培养的目标了，外与教育的最终目的是跨文化交际能力的培养"这一观点逐渐为人们所接受。但是在实际的教学中，大学英语教学和跨文化教学的融合并非十分理想。本节梳理前人的研究成果和自身教学实践，试图分析当前大学英语跨文化教学存在的问题，并尝试提出改进对策，以使大学英语教学更好满足新形势下国家和社会对人才的需求。

一、大学英语跨文化教学中存在的主要问题

（一）教学观念陈旧，跨文化教学方法单一

虽然跨文化教学近年来已经引起了广大学者和教师的关注，很多高校也开始注意到对学生跨文化交际能力的培养，但是在实际的教学中，跨文化教学很少真正地体现在大学英语教学之中。就连英语教学本身都依然存在着应试教育的问题。主要表现在教师缺乏对学生的跨文化思维的引导，学生认为跨文化学习没有对提升分值有任何作用，没有真正地融入实际应用中去，造成大学生的跨文化英语教学本质上仍没有完全摆脱应试教育的禁锢。这种教师缺乏引导方式，学生不重视的学习模式在很大程度上禁锢了大学英语跨文化教学的有效实施。

很多大学英语教师采用的教学模式仍然比较传统，对跨文化教学的理解也只是停留在文化知识讲解的层面。在实际运用中表现得比较片面，从而造成跨文化教学效果不够理想。例如，在对跨文化英语进行教学的过程中，选择课件相对简单，不够典型，对于英语文化的风俗和语言环境等表现不足；部分教师过于倚重多媒体教学，在英语教学中播放一些相关的语音和视频，缺乏关键点和文化背景之间的词汇差异点的讲解，缺乏一定的灵活性和创新性以及多元化，阻碍了大学生在跨文化英语教学中的理解学习能力，学习效果难以达到预期，在实际运用中更是无从下手。

（二）跨文化经验缺失

语言和文化的输入量直接关系到文化学习者的文化学习效果。当前我国高校大学英语教学大多数情况下都是在构建环境中进行，缺少跨文化沟通的自然环境。这势必会影响学生的学习动机和学习效果。大部分教师也很少有机会踏出国门，和母语为英语的外国人员进行跨文化交际的机会也比较少，难以实现自身的跨文化实践。再加上缺乏专业的技能实践培训，造成教师本身缺乏英语跨文化教学能力。这种情况下，大学英语的跨文化教学从学生到教师都存在着跨文化经验缺失的问题。

（三）母语文化的缺失

目前大学英语教学主要使用大学英语教材，而现行的主流大学英语教材中在中国文化的输入方面相对较少。当前的大学英语教材选取内容主要还是集中在人文教育方面，很多学生都认为教材中的"鸡汤文"过多。在体现文化教育的内容中，又集中在非母语文化的输入，而母语文化的输入量少之又少，尤其是中国特色文化负载英语表达输入更少。这一点在近年的全国大学生英语四、六级考试中的翻译答题情况可以反映出来。题目中出现的关于"孔子""剪纸""功夫"等词语，学生在翻译时花样百出，标准地道的表达很少。另外，有些教师过于强调目的语文化使学生在学习过程中盲目崇拜目的语文化而疏远甚至

贬低自身的民族文化。这些都给学生在跨文化交际中向外传输母语文化造成了很大的困难。同语言学习一样，对目的语文化和母语文化的掌握是相互促进的。缺少母语文化输入的大学英语跨文化教学很难真正提升学生的跨文化交际能力，甚至还会对学生"文化自觉"和"文化自信"的培养产生副作用。

二、改进大学英语跨文化教学的对策

（一）树立正确的教学观念，丰富跨文化教学方法

大学英语教师应该抛开"大学英语只是语言教学"的陈旧观念。大学英语教学必须体现语言和文化、文化知识学习和跨文化交际能力培养相结合。大学英语教学的重心应由词汇和语法学习逐步向跨文化交际能力和综合运用能力培养方面过渡。当然，这种教学观念的更新仅仅依靠教师自身的反省是不够的，跨文化能力培养相关思想应该引起教育界各层面的重视。教育部 2017 年公布的《大学英语教学指南》中已经明确地指出了大学英语课程的重要任务之一是进行跨文化教育，各个地方、高校据此根据自身的实际情况为大学英语的跨文化教学提供有力的教学支持。跨文化教育需要教育界乃至整个社会群策群力、协同努力去完成。

大学英语的教学应该涵盖跨文化交际能力培养的内容，应该以此制定教学方案、选取教学材料、设计教学活动或评估手段，将文化教学活动融入常规的语言教学活动之中。例如，教师可以引导学生对国外有代表性的文化专题进行研究，让学生通过多种渠道搜索整理相关文献和资料。在这个过程中进一步了解外国文化，适时进行充分沟通交流，讲述自己发现的不同文化见解，提升学生的学习兴趣。再者，在课堂的英语教学中，教师也可以播放一些具有代表性的优秀英语文化作品，并对其中的关键点对学生进行着重讲解，以便学生更加直观地了解到文字语言背后的文化风情。除此之外，也可以通过邀请外教以讲座的形式向学生讲解特殊的文化现象，还可以举办专门的文化展等。

（二）创造跨文化交际情景

大学英语教学中要特别注重通过英语的文化引入和情景模拟来增强大学生的跨文化交际能力。在提升英语跨文化交际能力的教学过程中应增加多种跨文化教学实践活动的比例以增强学生的跨文化体验。要了解学生在跨文化交际中的学习需求根据实际情况合理优化课外资源，如：欣赏国外电影、与外籍教师进行文化沟通、与国外留学生进行课外活动等，通过实际沟通与交流来培养学生的跨文化交际能力。

（三）在大学英语跨文化教学中培养文化自信

大学英语教师在进行跨文化英语教学的过程中在展现汉语文化和英语文化的异同点的同时，应该培养学生正确的文化价值观，要培养学生的文化自信。在跨文化教学要引导学生能够重视中华民族自身的优秀文化，客观理性全面地认识文化之间的差异。这种差异的

认识不是为了进行高低比较，而是让学生具有文化平等意识。与此同时，在教学中应该增加中国文化内容，增强我国文化的对外表述能力，为今后的跨文化交际中能够弘扬中华民族的优秀文化做好准备。

大学英语跨文化教学是培养国际化人才的有效途径，这一点已经引起了国内大学英语教学学者和教师的普遍关注，但是由于受传统的大学英语教学影响，大学英语跨文化教学实施过程中还存在着许多问题。本节在前人研究的基础上，分析了当前面临的一些挑战，并试图提供一些解决措施，希望为大学英语跨文化教学的探讨尽绵薄之力。

第三节 大学英语跨文化教学问题成因分析

近年来，随着经济全球化的不断深入，国与国之间在政治、经济、科技、文化等领域的交流变得越加频繁而密切，作为各国之间沟通的重要工具英语已成为世界上使用最为广泛的语言。高校大学英语课程教学是以外语教学理论为指导，以英语语言知识与技能、跨文化交际和学习策略为主要内容，集多种教学模式和教学手段为一体的教学体系。在我国，高校大学英语课程教学对于培养和提升学习者的语言能力，满足社会发展对于英语人才的需求发挥着十分重要的作用。本节试从语法视角对高校大学英语课程教学现状、所存在主要问题及其成因进行阐述和评析。

一、高校大学英语语法教学现状及主要问题

从初识英语直至进入高校，语法教学历来被教师视为英语讲授中的重点内容。不可否认的是，在传统的英语语法教学中，很多教师片面注重语言知识的传授，并将其视为主要的学习目标，学生所得到的是一些零散的语法结构，多通过被动记忆、模仿、反复练习等方法达到掌握的目的。这种教学模式虽然也可以取得某些教学效果，但却严重地削弱了课程的创造性和趣味性，留给师生自由发挥的空间相对很小，每当提及传统的英语语法教学，人们总会产生一种生动不足、刻板有余的感觉。总体来说，当前高校英语语法教学中的问题主要表现在以下两个方面。

（一）教学理念及思想认识层面存在的主要问题

随着新的教学思想的引入和传播，外语界愈加重视对于英语语言应用能力的培养，部分高校教师对于以英语语法为主的知识性教学持全面否定的态度，英语语法教学由于相对比较枯燥而被置于次要位置，甚至被人们忽视，这一做法并不利于高校大学英语课程教学活动的顺利开展。研究证明，一些新式的英语教学方法并非与语法教学水火不容，例如交际教学法，尽管它在观念上争取回避语法教学，但是实际操作中却与语法教学密切相关。在看待分析问题，应努力做到客观而全面，不能一味地吹捧，也不能完全地否定。

除此之外，高校教师对于英语语法教学还存在着另外一种误解，即将课堂上所做的语言训练活动视为对于学生英语交际能力的培养，如把课后的按课文内容进行回答和对话或者练习课堂所学看作交际运用的形式之一。教师简单地把各种口头和笔头语言训练与交际能力等同起来，这种做法是不正确的。学习英语语法的目的是提高在实际生活中的交际技能，只是停留在课堂上的掌握和运用层面是远远不够的。

（二）知识掌握与技能运用层面存在的主要问题

由于传统的高校大学英语课程教学以向学生传授语法知识为主，其教学目标也只是要求学生正确熟练地掌握语法结构。长期以来，不论哪个阶段的语法教学，都是以传统的教学方式来进行的，主要包括语法知识呈现、句式操练及习题演练三个环节，通过三个环节循环往复的进行，帮助学生在不断的练习中，熟悉并学会运用所学知识，夯实英语语言基础，最终在各种考试中取得好的成绩。教师在进行英语语法讲解时，一般遵循先讲词法，后讲句法的原则。

演绎法是语法讲解时经常会使用的方法，其基本操作流程为：先阐述具体规则、之后列举具有代表性的实例，最后要求学生对课堂所讲授的规则、例句等背诵记忆并完成书后相关练习题。这样做的后果是，尽管学生能够将各种语法规则倒背如流，但在实际应用时，却错误连连。在他们的头脑中纵然具备丰富的语法知识，但在真实情景中的运用能力仍有待提高。很多学生虽然学了十几年的英语语法规则，还是无法借助规则要点捕捉正确的语言信息进而达到成功交际的目的。

二、高校大学英语语法教学中所存在问题成因探析

目前，现有的高校英语教材在设计语法练习时，其形式相对单一，主要涵盖以下几种题型：单词与释义对应；选词或短语填空；多项选择；综合填空；汉译英练习等。虽然看起来题量不小，甚至在篇幅上相当于课文的几倍，但是否有利于学生对于所学英语语法知识的习得仍有待商榷。因为对英语语法的灵活应用必须通过大量的语言实践才能奏效，而这些练习基本上都是接受性能力的训练。这种被动的训练对培养学生实际运用能力收效不大。

随着社会的进步与发展，社会对高校毕业生的要求逐步提高，传统的英语语法教学方法显然已无法适应新时代的要求，它一方面束缚了老师的手脚，另一方面也制约了学生实际应用能力的提高。因此，在高校大学英语课程教学中，教师要积极探索行之有效的授课方法及记忆策略，以更好地减轻学生的学习负担，提高学生的英语学习质量。教师作为英语课堂教学活动的组织者，应对学生语法的学习进行必要的指导，特别是要利用好课堂这个主要阵地，加强对于学生多种学习策略的培训，增强学生英语学习的动机和自信心，切实培养学生可持续发展的语法学习能力。

第三章　跨文化交际与英语教学的融合

第一节　跨文化交际与英语教学

我们所生活的这个时代，是一个文明的、进步的、与国际接轨的新时代。在教育上，我们改变以往的传统的旧观念，视野应更为开阔，放得更远。改革开放以后，我们国家发生了翻天覆地的变化，有好多国内的东西传播到了国外，同时，也引来了很多新的事物，这样，我们就要加强自身的文化知识学习，跟着我们时代的脚步，一起前进。英语是西方的文化，和我们五千年的历史文化有很大不同，有自己的语言习惯，在很多事物的表达方式上也具有自己的特点。在英语中，同一个语言可以表达很多个意思，用我们自己的思维习惯来解说英语会出现差异。

一、了解西方文化能更好地学习英语

（一）要学好一种语言，就要了解它的文化

用我们有限的知识学习一门陌生的语言是很费力气的，要想学好它就要去了解它，常言道"知己知彼，方能百战百胜"，学习和打仗是一样的，只有用好了方法，了解对方，才能打胜仗。那么，在英语学习中，我们怎样才能打胜仗呢？那就是了解它的语言文化、历史文化、语言习惯等等，有了一定的了解，那么我们学习起来就不再像没头苍蝇一样乱撞了。学习文化是为学好与语言打基础的，了解了西方文化，就了解了他们的生活习惯，语言是为生活服务的，那再学起来就不会那么难了。

很多学生都说，我们用以前的老办法死记硬背，但还是容易忘，平时读得多，听力训练也不少，但却总也学不好，这是为什么呢？那么，在我们国家，很小的孩子就会说话，不用教，不用学，这又是为什么呢？这就是环境文化的影响。了解了一个民族的文化，对它就不再那么陌生了，跟它有关的东西自然就越来越学得顺手了。想要学好英语，就要理解它要表达的意思，只有你熟悉了它，才能在任何时候都认识它。不同的单词在不同的句子中有不同的意思。同一单词在不同场合也有它不同的用法，这与我们的母语是有很大不同的。听力训练中，我们跟要听懂它所表示的意思，才能更好地记忆下来，任何新事物的学习都有这样和那样的问题，但是，只要我们掌握了学习要领，了解它的基础文化的表达

习惯，那么再学起来，就不难了。

（二）符合时代发展的要求

英语已经成为世界上通用的语言，随着社会的不断发展，人与人之间、国与国之间的交流越来越密切，各个国家文化，科技交流越来越广泛，英语就成了国与国之间不可缺少的交流工具。所以，我们学习好英语是非常重要的。在这里跟大家分享一个小故事，说是有一天，鸡妈妈带着鸡宝宝出去散步，小鸡们正玩得高兴，忽然从树后面跳出来一只猫，小鸡们害怕极了，四散逃走，鸡妈妈急中生智学了几声狗叫，把凶狠的猫吓跑了，小鸡们得救了。鸡妈妈对小鸡们说："孩子们，你们看，学好一门外语是多么重要啊！"这是大家都耳熟能详的故事，有一定道理。

现如今的时代是科学发展的时代，掌握了人才，就相当于掌握了科技。那么英语作为国际上通用的语言，我们对英语的学习也就变得刻不容缓了，现在我们的学校都开设了英语课堂，硬件措施已经很到位，只有学习英语有关的文化，才能进一步学好英语，达到跨文化教学的目的。

二、培养学生跨文化的学习习惯

（1）从日常习惯用语入手学习英语。日常习惯用语体现了一个民族文化的基础，可以更好地了解文化底蕴，给我们的学习带来帮助。这些都能体现出人们的生活习惯、爱好、风俗习惯等基本知识。以这些语言与我们的语言向比较，找出不同点，可以加强记忆和理解。例如：Where are you？用我们的语言来说是"你在哪儿"，而英语中的你，就是 you 在句子的末尾，而哪儿 where 被放在了句子的开头，而且句子开头是要大写的。所以在英语中的语法排列和我们的语言是不同的。在比如：Do you want some noodles？在这个一般疑问句中，noodls 这一单词是复数，因为面条不是单一的，是很多根。Good luck！（祝你好运）good 是好的意思，luck 是运气，china 中国，chinese 中国的，是不是和我们的语言表示有很大不同？ straight 直的，直线的，go straight on 直着走，kid 小孩，children 孩子们，同样的意思在英语中有不同的表示方法。再比如：tomato 番茄，西红柿。Potato 马铃薯，土豆。Help 帮助，helping 正在帮忙。如：sping 春天，the Sping Fetival 春节。对比学习，和同一类型归类学习，也可以培养学生对英语的学习兴趣，培养学生的积极性。在口语练习中，要求发音标准，语速不急不缓，并且带有感情的练习。英语的知识点很多，在学习中，要做好笔记，分成几个大纲，把重点难点做好记录，重点复习，单词是英语句子的组成单位，学生掌握的英语单词越多，就为后面的英语句型练习打好了基础。

（2）在英语句子中，主谓宾的语法顺序在和汉语中的排列是不同的，每一种语言的学习都是有困难的，对英语语法的学习要多分析其特点，不能把汉语语法套用其中，这也是很多英语初学者容易犯的错误，只有，读得多，听得多，理解了它的意思，才能够找到英语学习的窍门。在以上提到，在英语中时分为单数和复数的，汉语中，面条，一根面条，都一样,但英语中,一根面条是单数表示的单词,一碗面条就是用复数表示的单词形式来表示。在汉语中,只要分清一、二、三、四声调,就能读清楚课文,而英语中最基础的是音标的熟练。英语中还分为很多不同的时态来表示事物的发展,如现在时、过去时、将来时、过去将来时。像学好英语,就要一步一个脚印,踏踏实实地学习,在学习的道路上,只有认真,努力,勤奋,再加上用对方法,才能得到收获,三天打鱼,两天晒网的做法是不可取得,因此,不论学习什么都要持之以恒,不能半途而废。另外,再学习新的东西时,也不能忘记复习以前学过的,要不然,这样丢三落四,永远也学不好。在课余时间,要多读一些英语方面学习的书籍,找到适合自己的方法,记录下来,和学生多加交流,互相交换经验,以提高学习英语的水平。要想学好英语,就要制订一个明确的学习目标,来激励和促进学习,达到每一天都要有一点进步,学习知识是需要慢慢积累的,从来没有任何捷径。

三、以文化为基础的英语教学

(1)用汉语解释英语单词,以方便记忆。初学者对英语是陌生的,为方便学生记忆,常常采用入门时,用汉字注解单词意思,方便学习;另一方面也起到了便于学生理解,加强了汉语与英语的互相促进学习。

(2)用汉语引导英语的学习,任何文化之间虽有不同,但还是有内在的联系的,用韩语的方式能更清晰地讲解有关英语的知识点,把有趣的内容加入英语学习中,使学生对英语学习更加有兴趣。任何知识点都是可以互通的,它们之间,既有不同,又有联系,还可以相互影响。教学中可以利用这一特点,使学生在两种文化的学习中,共同促进,共同学习。

(3)在日常生活中,多听、多写、用英语对话、多读一些英语类的书籍,扩大视野,也可以在周末或假期看一些英语有关的电影,从多方面多渠道学习英语,在课后作业中布置英语有关写作的短文,常和同学之间用学到的英语知识讲述有趣的事情,这就是英语学习在实践中的具体表现。在学生之间对话时,也可以采用英语对话的形式,锻炼英语口语的发音、语速、灵活性和现场反应能力。

(4)对比性的学习英语。只要有了对比,就有了竞争意识。在英语学习中也是一样的。就上面所讲的,英语和汉语在语法上,单复数的表示上,时态上都有不同,汉语可以学得很好,那么也促进了英语的学习劲头。有了对比,就找到了学习时的不同点和要特别注意的地方,才能改进学习方法。平时,可以选一段话,用英语的形式把它表现出来,锻炼英语的实际应用水平,提高英语写作能力。

(5)以学英语为目的的汉语语言讲座或教材。英语学习中,有它独有的特点,为了方便学习,可以把这些难点、重点,以汉语的形式,编辑成册,以方便学生的学习和知识的巩固。

四、把英语的跨文化学习带到实践中

（1）我们平时采用比较多的就是，有关英语学习的本国电影放映给学生看，加深学生的对所学有关英语的历史发展、生活习俗等的了解。再比如，组织听一些有关英语的讲座，加强英语知识的学习。在看电影时，要注意英语单词的发音、语法的运用，有时，基础打得很好，但发音不标准，掌握不好语速，也是不行的，所以，在电影中，人物对话时，要特别注意这一点。

（2）用所学知识，在教师的组织下，对有关英语国家的历史事件提出自己的看法，再与正确意见进行对比，在学生之间展开讨论，这是在实际实践中对跨文化交际在英语中的学习。这样，可以让学生更深入地了解西方文化，对学习英语课引起更大的兴趣。

（3）组织模拟西方文化训练。在活动中，由组织者安排学生有本地文化到他国文化在人物身上所表现出来的性格、爱好、思维方式等表演，从活动中，感受不同文化形势下人物的特点，进而更好地增加对跨文化的学习和不同文化的比较。

（4）在行为上实施跨文化练习，提高个体素质。在了解了不同文化后，学生中可以学习其跨国文化中的优点，联系自身的文化修养，分析其利弊，好的方面加以学习，从而提高自身的文化素养。这在跨文化学习中，也是一大进步。

（5）让学生亲身体验跨文化的好处。组织者，可以自行制造一个类似跨文化的环境，在这个环境中可以出现一些小难题，让参与者去用跨文化的知识在练习中完成任务，组织者可以适当地提出建议和帮助。

（6）在有条件的情况下，进行实际的跨文化交流。这一点要联系实际出发，在条件允许时进行跨文化的实质性交流。

跨文化交际是时代发展的结果，在英语教学中实施这一文化上的学习，只是跨文化交际的其中的一种表现，它会越来越多地应用到其他领域当中。在英语教学中提倡跨文化学习可以让学生更多了解英语国家的人文历史、生活习俗，通过分析展开讨论，提高学生对异国文化的学习和他们的文化素质。

在我们这个大"地球村"生活着形形色色的不同文化的种族，要发展，要交流，就要提高我们的文化交际能力，只有不断学习新的知识，才能提高交际能力。要想不落后，就要不断学习，所谓"技多不压身"，我们的社会需要全能型的人才，才能跟上时代的脚步。

第二节　跨文化交际能力与英语教学的融合

当前世界经济已经进入全球化的发展时期，与此同时中国提出了"一带一路"的发展倡议。大学生的英语语言运用能力，以及跨文化交际能力，对我国的经济发展、国际的文化传播和交流将会起到非常重要的作用。在这种社会发展背景下，教师通过不断地提升教学和研究水平，选用中外文化对比的教材，灵活运用多种教学方法，积极建设跨文化交际资源库和培养学生的实践能力，能够更好地培养和提高大学生跨文化交际能力，让学生为国家之间的文化传播、经济发展做出自己的贡献。

一、跨文化交际能力培养中存在的问题

（一）缺乏对跨文化交际能力的重视

目前中学教育和高等教育都忽视了跨文化交际能力的培养。孟丽君（2019）指出，"学生对跨文化交际能力的主观意识薄弱，教师对学生跨文化交际能力培养不够重视。"在这样的教育环境下，学生的跨文化交际知识十分贫乏，交际能力不符合社会发展的需求。

（二）跨文化交际能力的培养面临挑战

首先，大学英语课程不注重跨文化交际能力的培养。听说和读写能力的提高是大学英语课程的主要目标。绝大多数高校的大学英语课程设置为听说和读写两种类型。这种设置侧重英语语言技能的培养，却忽略了跨文化交际知识的教学，不利于交际能力的培养。

其次，传统的教材注重对学生听、说、读、写、翻译能力的培养，缺乏跨文化交际的内容。教材通常包含篇章内容的学习，词汇语法的掌握、句子结构的解析等等，对跨文化交际的知识涉及很少。

（三）教师自身跨文化交际能力存在局限

徐雅楠指出"许多教师自身就没有跨文化意识，更别说培养学生的跨文化意识"。一方面，英语教师在专业学习过程中，获取跨文化交际的知识和能力十分有限；另一方面，大部分教师缺乏在国外生活的经历，真正进行跨文化交际的机会非常少。

（四）缺乏跨文化交际知识的资源库

目前常见的学习模式是课堂和网络学习相结合。虽然课堂上有教师进行跨文化知识的教学，但在网络上却没有丰富的学习资源进行自主学习。网上的学习资源也可能不适合本校学生的学习需求。

（五）缺乏跨文化交际的真实环境

绝大多数学生只和身边的同学、老师交流，没有留学生或者外教进行交际，更别说体验职场交际的机会。武真真提出"学校应该尽可能为学生创造使用外语来解决职业问题的环境"。

二、培养和提高学生跨文化交际能力的途径

（一）课程设置增加跨文化交际的教学内容

根据不同的学习需求，跨文化交际的教学任务可以分解在必修课程、后续课程和选修课程当中。首先，在必修课程中让学生了解主要西方国家的政治历史、生活礼仪，掌握基本的社交礼仪和规范。其次，对于跨文化交际能力要求很高的学生，可以用一到两个学期的后续课程，向学生充分地介绍跨文化交际的知识，培养交际的能力。最后，对于跨文化交际能力要求不高又感兴趣的学生，可以通过选修课了解异域国家的概况。

（二）改变传统教学方法，运用多种教学手段

首先，使用案例分析法凸显文化之间的不同。比如如下案例：一个年轻的中国女子在美国被一个美国女子恭维她的裙子。美国女子说："它真的很精致。颜色也十分漂亮。"中国女子十分高兴但是略显得尴尬，她用典型的中国方式回答："这只是一条普通的裙子。我在中国买的。"美国女子听后显得有些不高兴。通过这个案例，教师能够清晰地向学生讲述，美国人喜欢接受别人的称赞，而中国人对于别人的表扬要体现谦虚。中国女子这样回答会让美国女子觉得自己对裙子的审美存在问题，让人产生不悦。案例分析法能够让学生对案例进行思考，也能够让学生懂得在特定情景下如何进行正确的跨文化交际。

其次，在教学中设定交际的情景。苏梅涓认为"教师需要为学生设定特定情境，让学生全身心投入到情境下展开英语对话训练，并根据语用和情境来做出反应，从而实现对学生跨文化交际能力与英语口语表达能力的训练目的和效果"。比如这样一个情景，让一个学生扮演美国的主人，另外一组男生和女生扮演客人。扮演主人的学生在表演过程中会运用到邀请客人、招待客人、送别客人的交际语言和能力。扮演客人的学生会使用到确定出席、感谢招待和辞别的交际语言和能力。情景教学法能够把每一个教学任务放在一个具体的环境当中，让学生在贴近真实情景的语言环境中交际，从而获得较好的学习效果。

最后，将跨文化知识渗透在教学过程中。王延雪指出"在传统的英语框架结构学习中体现跨文化交际意识培养"。在课堂教学中，教师要把跨文化交际知识融入听说和读写的教学中。口语和听力的训练内容可以涉及国外的文化。比如谈到节日的时候，就可以让学生分析中国的春节和美国的感恩节有什么共同之处和不同之处。在读写课程中，文章背景知识的介绍，也可以选取相关的跨文化交际知识。

（三）教师教学和研究能力的提升

首先，教师对跨文化交际课程进行充分的学习。教师可以在其他高校进行相关课程的进修，比如《跨文化交际实用教程》《英语国家概况》《走进美国文化》等等。如果本校有开设英语专业，也可以参与课程的旁听，完成这些课程的学习。

其次，教师成立跨文化交际研究团队。跨文化交际包含多个方面的内容，教师可以通

过集体的努力，着重对职场交际、日常生活交际开展研究。教师在跨文化交际的研究过程中，通过彼此之间的学习和交流，能够提升自身的研究能力和水平，为课堂教学和学生跨文化交际能力的培养提供有力的支持。

（四）跨文化交际资源的建设

首先，选用适合培养学生跨文化交际能力的教材。刘余梅指出"将中西方文化进行对比、开展相互学习，构建双向性的跨文化交流课程"。教材内容应该包括中国和主流英语国家的地理历史、政治经济、社会文化的介绍。一方面，教师要让学生充分懂得中国的历史和文化，培养学生的归属感；另一方面，教师还应该向学生指出不同国家在某个文化上的不同，并让学生去思考和了解原因，从而避免在交际中产生误解。

其次，组建微视频团队，共同制作跨文化交际的微视频，并上传到学校网站或者学习平台当中。视频内容可以是课本教学内容的扩展和补充，也可以是独立的学习资源。比如，中西方招待客人吃饭的方式就可以做成一个微视频，学生通过视频可以发现中国主人往往会为客人准备大量丰盛的美食来体现自己的热情好客。而美国主人则会按照客人的数量准备好食物，不会有多余的食物，而且食物品种也不会很多。短视频具有时间短，信息量大，能够满足学生碎片化的学习需求。

最后，利用移动端推送学习资源。教师们组建微信团队，收集与跨文化交际相关的内容，通过公众号向学生推送学习资源。手机端的学习不受地域和时间的限制，同时文本、图片、视频、音频等多种内容形式能够激发学生的学习兴趣，也给学生提供了学习的便利。

（五）学生实践和研究能力的培养

首先，为学生模拟真实的跨文化交际场景。让学生在贴近真实的交际场景进行实践，能够让学生亲身体会交际方式的差异性。比如在面试的场景中，受到中国文化的影响，中国人不会夸耀自己的能力，甚至还会表现出谦虚。而美国人在参加面试时会强调自己的能力和才华，因为这样才会被招聘公司录用。如果他表现谦虚反而会让公司觉得这个人没有实力胜任岗位。

其次，培养学生对跨文化交际的研究能力。跨文化交际当中有很多有趣的内容，比如颜色在不同文化中就代表不同的含义。比如红色，在中国文化中代表节日的喜庆，具有红红火火的寓意；在西方文化当中，红色代表着血腥，会让人产生害怕和恐惧的情绪。教师通过布置写小论文的任务，让学生研究在跨文化交际中感兴趣的内容。学生通过查找、阅读文献可以获取许多相关知识。通过整理、归纳和总结，学生不仅能够完成一篇小论文，还加强了对跨文化交际的认知，增强了自身研究的能力。

跨文化交际能力需要师生的共同努力才能提高。一方面，教师要积极探索新的教学方法，发掘新的教学资源，将跨文化交际的知识融入学生的专业知识当中。另一方面，学生要懂得跨文化交际的重要性，能够在将来的岗位中运用跨文化交际能力开展工作。在跨文化交际能力的培养过程中，学生的语言能力、文化知识和交际能力得到了融合。跨文化交际的教学让大学英语从一门语言课程，变成语言、交际能力和异域文化相结合的综合课程，让英语学习有了更多的收获。

第三节　跨文化交际教学中英语本土化的重构与
跨文化意识的增强

一、跨文化交际教学中英语本土化的重构

在跨文化视角下，出现严重的英语本土化身份冲突的现象是很普遍的，该现象的发生非常不利于跨文化英语教学的顺利进行。文章主要分析文化冲突现象的具体体现及英语本土化身份的必要性，并提出了跨文化视角下重构英语本土化身份的具体策略，从而高校英语教学达到令人满意的效果。

随着我国对外开放程度的逐渐深入，西方社会越来越多的人和事物已走进了我们的视野，从而给我们提供了接触西方的机会。我们可以更多地理解西方社会，这对我们来说是件好事，但也并不简单。在跨文化交际中，我们要面临着很多来自陌生文化和国度的思维方式、生活方式等，正是因为这些与我们迥然不同的人的存在，才促使交往的过程中出现本土化身份颠覆的现象。针对这一现象，就需要交际者对跨文化交际有清醒的认识，既要准确掌握本民族的语言交际规范，同时也要对交际另一方所属民族语言交际的文化习惯及其产生的社会文化背景有全面的了解，这样才能够顺利交流，才不会出现文化冲突。因此，高校英语教师在英语教学中要实现本土化身份的重构，目标是将学生培养成具有跨文化意识的高素质人才，可以以中国国民的身份恰当、流畅的使用英语，并进行国际的交流与合作。

（一）文化冲突现象的具体体现

时间观方面。时间观对西方人来说是与金钱观相联系的，他们非常珍惜时间，认为时间就是金钱，对时间都会做出精心的安排。在西方，如果要去拜访某人，必须事先约定，双方商定后才会进行。而中国人在时间观念上显得更加随意，我们不会像西方人那样对时间进行严格的计划，所以西方人对中国人这种时间观念是很难适应的。

隐私方面。中国人讲究集体、团队，提倡要互相帮助、团结友爱，愿意倾听他人的事，也愿意与他人分享自己的喜怒哀乐。中国人会询问对方的年龄、工资收入、婚姻状况等个人问题体现出对对方的关心。但是西方人认为被问到个人情况是触犯了个人的隐私，他们不喜欢自己的私事被问。

教育方面。中国人普遍对子女寄以很大的希望，认为子女是自己的私人财产，所以对

孩子的每件事情都要进行干预，要求孩子按照自己的意愿来发展。长期在这种环境下成长，使得子女没有了独立精神和自由意识，只是依靠父母所给予的物质条件，经不起挫折打击。而与我国相反，西方人对中国人的教育方式完全不解，他们认为孩子是独立的个体，从小就要培养他们有自己的思想。同时，西方人也不干涉子女未来的发展。一般来说，欧美青年 18 岁后就靠自己独立完成学业，不再需要父母的资助。

（二）英语本土化身份的必要性

英语的中国化可以满足中国的国际交流及对外交往。英语作为一种交流工具，也是多元文化的载体，被不同国家、不同文化背景的人们所使用。目前，英语已经不再是英国人和美国人的专属语言，而是以各种不同形式被全世界所使用。换而言之，中国人学英语不仅是为了和英国人、美国人交流，也要和其他国家的人交流。基于这一情况，无论是使用美国英语还是使用英国英语都是不妥的，不但言谈举止受到怀疑，还会冒犯到别人。从当前情况看，美国英语和英国英语都已经不是霸权语言了，我们也可以自由地选择合适自己的表达方式。事实上，英语就是一种工具，用来向国际友人表达自己的观点，向国际推广自己国家文化的工具，对方往往所关注的并不是这样一种工具，而是我们的观点和所介绍的文化才是重点。作为国际通用语，英语使得理解性要求得到满足，同时也正是因为不同的使用方式，才使双方的各自身份得以保持。人们在国际交往过程中，利用英语来表达观点很重要，但是更重要的是你的国民身份，本土化的英语就是一个国家的标识。

中国化英语为我们所用，维护了民族的尊严。国际交往时借助英语不仅能保持我国的价值观及文化特征，更重要的是能够维护我们民族的独立和尊严。语言学家认为，语言并不单纯是一个工具，它是供人们交流使用的。同时，语言学家认为语言也是一个载体，它所承载的是一个国家特有的文化特征、政治内涵和价值观。如果一个人对某种语言盲崇，那么在他的潜意识里就会潜移默化地受到这种语言所代表的价值观的影响，并最终认同这种价值观。但是我们不希望自己的学生在追求所谓的纯正英语的过程中改变了他们的价值观。

（三）跨文化视角下重构英语本土化身份的策略

增加中国化英语的表达，培养本土化英语表达意识。高校英语教学中，教师向学生传达知识或进行交流时不应该过多地用美式或者英式英语，教师要尽可能地让学生感受到更多的本土化英语，尤其是中国化英语，这样有助于学生进行有效的国际交流。教师在课堂上可以多组织学生做听力练习，通过人物的对话让学生熟悉多种口音和多种不同的语言表达习惯等，感受他们的环境，了解他们的语音差别及习惯。除此之外，教师还要多鼓励学生进行口语表达，不用严格的要求学生使用英式英语或美式英语，也无须让学生刻意地去模仿英式或美式地道的表达。由于英语的全球化发展，就必然会形成本土化，学生所使用的英语就会带有本族语特点。教师要让学生尝试使用更多的英语变体，更好地表达具有中国特色的事物，从而增加文化积累，达到灵活使用中国化英语的目的，也增强了学生本土化英语表达意识。

教学方法。从英语教学方法来看，应该结合我国的特色文化，对中国大学生的特点进行深入剖析，同时要多设计几种方法来满足学生的实际需求。例如：对比教学法就是英语教师一个好的选择，在英语教学过程中将中国文化融入其中，并合理配置教学内容，从中对比中西方文化的差异。这样的教学方法还能培养出学生的跨文化意识，学生既深刻了解了本国文化，也对他国文化有了了解。教师在授课时可以要求学生在不违反英语语法规则的前提下，用英语表达具有中国特色的事物。

教学目的。英语教学的目的不仅是要理解对方的话语和文化，最关键的是要用对方所能听懂的语言来了解己方所要表达的意思和文化。成功的跨文化交际是以跨文化经历中良好的感受和信仰，以及人们所拥有的行为技巧为基础。跨文化交际不能只局限于对交流对象的理解，还有最为关键的是要实现与交际对象的文化共享，并实施文化影响。能用英语流畅交流的人也不一定就是成功的交际者，至少要实现跨文化交流才算是成功。例如：一些长居海外的华裔都精通英汉两种语言，但是当他们回到国内就会显得格格不入，其原因就在于他们对汉文化缺少了解，只是会语言技巧而已。从这一点看，高校英语教学就要摒弃"一路向西"的旧观念，多从本土角度出发，让学生学习本土化的英语。

教材内容。教材是学生获取知识的主要渠道，从英语教材来看，内容上必须要坚持遵循规范性和适度性原则。传统的英语教材开卷即为英美风情，闭卷还是美英趣闻，从里到外，从头至末都充斥着洋风洋情，并以国内外熟练使用汉英双语者叙述的中国社会文化英语文本作为基础，以中国官方媒体英语为规范。长期使用这种教材培养出的学生，学成了洋人，却丢掉了本身。所以，我们在选用教材时必须用那些充斥着大量文化信息的，绝不仅仅是目的语文化信息，尤为重要的是还要有学习者自身的文化信息的内容。我们通常将中西方文化看作一个整体，中国文化内容只能在教材中占有一定的比例，而英语文化是不可或缺的一部分内容。这样做可以解决学生群体中"中国文化失语症"的问题，也有利于让学生能更多地学习英语国家的风土人情，帮助学生在国际环境下运用英语，实现英语本土化身份的重构。总而言之，教材内容应符合以下要求：一是作为母语文化材料，应是以学习者自身文化为内容的材料；二是作为目的语文化材料，应以英语国家的文化作为学习内容；三是作为国际性目的语的文化材料，应以世界上英语非母语国家的文化作为教材主要内容。英语教材不仅要反映英美文化，所有世界先进文化都应该成为其可能的选择，其中也包括我们中华文化，从琴棋书画、诗词歌赋到经典国粹，名人典故等都可以成为英语教学语料。

随着英语在我国的普及，中国的语言文化也逐渐渗透到英语之中，进而使英语中的表达方式也颇具中国特色，进一步丰富了英语的内涵。目前，我国所需要的是一种能够共同交流的语言，由于英语全球化和本土化已经成为一个事实，所以英语必然会受到国内外越来越多的关注。而在高校英语教学中，教师必须充分考虑英语在多元文化、多元语言环境下的使用及发展，实现国际英语的本土化教学，创生出国际化性质鲜明的新型英语教育范式。这就需要我们加快英语教学的改革，努力培养学生英语语言应用能力和跨文化交际能力，进行这种英语语言的教学过程就是英语教学的本土化身份重构，从而提高了英语教学的质量。

二、跨文化意识的增强

我国当前英语教学存在的弊端之一，就是没有让文化意识的教育"显性"出来，最多是比较一下汉英在语言结构上的差异，教师在教学中缺乏对学生文化意识的培养，这不利于学生跨文化交际能力的培养，本节从培养学生跨文化意识的必要性、途径和方法、以及应注意的问题三个方面，阐述了如何培养学生跨文化意识，提高学生的英语交际能力的实践措施。

（一）培养学生跨文化意识的必要性

"文化"是"人类历史发展过程中所创造的物质财富和精神财富的总和"。在英语教学中，文化主要指英语国家的历史地理、风土人情、传统习惯、生活方式、价值观念等。教育部制定的英语课程标准明确指出英语教学应拓展学生的文化视野，发展他们跨文化交际的意识和能力。那么，提出这一要求的原因何在呢？

1.21 世纪社会发展的需要

从某种意义上说，21 世纪的地球越来越小，小得犹如一个村落。我们既是中国国民，也是地球村村民。随着各种跨文化交流的日益频繁，除了迅速提高外语水平之外，增强世界意识和全球观念、了解整个世界、了解世界各国文化，已成为各个行业、各个领域、各种群体所面临的紧迫任务，也是社会的发展对我国的外语教学提出的新要求、新目标。

2.改革我国英语教学的需要

我国英语教学受传统教学理论的影响比较大，在知识教学与能力培养上走向知识传授的极端，在英语教学中把语法的传授摆在首位，忽视了能力的培养，导致了综合运用英语的能力的低下。这与我们一直把英语教学作为一门知识传授的课程而忽视了跨文化意识的培养、促进英语知识向交际能力的转化有密切的关系。因此英语新课程改革的教学目标中，初中阶段提出了"了解文化差异"，高中阶段提出"增进对外国文化，特别是英语国家文化的了解"，来弥补对异国文化，特别是英语国家文化缺乏了解而导致的英语综合运用能力低下的这一结果。

3.语言本质的必然要求

语言是文化的载体，文化的传播和传授必须借助语言。因此，英语教学中应渗透文化思想。在学习和交际过程中，通过文化丰富语言，通过语言反映文化特色，将二者贯穿始终，才能教好英语，学好英语。培养学生跨文化交际的意识和能力，正是语言本质的必然要求。这不仅能让学生避免由于文化差异而引起的交际障碍，而且也能使学生利用英语这一工具，能吸收外来文化的精华，将来也成为我国外来文化交流的使者。

4. 人的生存及发展的必然需要

英语已成为各种国际场合的主要工作语言，据统计，国际上85%的学术论文是用英语发表或宣读的，各学科的主要的学术期刊也以英语为主，它也是国际互联网的主要应用语言。在教学中培养学生跨文化意识，促进其英语交际能力的提高，就是在为每个学生创设未来生存发展的平台和机会。

二、培养学生跨文化意识的途径和方法

（一）利用课堂介绍文化背景知识

现代英语教学在课堂上有两大特点：一是突出交际能力；二是重视阅读理解能力。因此，我们必须掌握教材的切入点，以利于学生结合文化背景知识和文化内涵来展开活动。

（二）课堂交际，使交际运用与文化学习相结合

要增强学生的跨文化交际意识，培养跨文化交际能力，好的方法当然应该让他们沉浸于英国语言文化的氛围中，这样不仅可以使学生对西方文化有理性认识，还可以让他们在同本国文化进行感性比较的同时，学习并理解西方文化。因而在课堂上教师应为学生创设模拟现实生活的交际环境。

（三）大力加强对学生语言能力的训练，把跨文化意识的培养与语言能力的训练密切结合起来

从语言训练来说，教师可以从四项基本技能入手，把文化意识的培养与语言技能的训练相结合。

1. 阅读练习

让学生阅读一些简装本的外国名著，比如说：Jane Eyre，Gone with the Wine，Three Men in a Boat 等，给学生直观的感受。通过阅读这些名著，可以让学生产生学习英语的兴趣，又可以让学生在潜移默化中了解英语国家的风俗习惯、待人接物的习俗等，从而培养学生的文化意识。另外，也可以让学生多做一些阅读理解方面的训练，这样既可以提高学生阅读速度和词汇量，又培养了文化意识，可谓一举两得。

2. 听力练习

现在网络技术非常发达，网上有许多可供教师利用的资料，而且很多资料具有很强的时代气息，教师可以从网上下载一些听力材料（比如美国总统竞选演讲，美国人怎样纪念"9·11"中丧生的亲人等。）或者买一些英语原声录音带给学生听，这既练习了听力，又可以了解异国的风情。

3. 写作练习

教师在指导学生写作练习时，应有意识地加强中西文化差异的比较，通过这一训练将中西文化在称呼、招呼语、感谢、谦虚、赞扬、表示关心、谈话题材和价值观念等方面的差异自然而然地渗透到英语教学中，使学生在学习的同时将其应用到自己的文章中，从而做到学以致用。

4. 口语训练

教师可以通过组织英语角、英语晚会、排练英语小短剧等，创设形式多样的比较真实的语言环境，使学生产生一种身临其境的感觉，而加强对文化知识的实际运用。

三、培养学生跨文化意识应注意的问题

（一）注意实用性

在英语教学中，应结合《英语课程标准》的要求，不能只讲花架子，做绣花枕头，而应教会学生如何对别人的事用英语表示关心，如何拜访别人，如何应答别人的夸奖等，解决实际的问题。

（二）注意阶段性

在起始阶段，学生的词汇不多，表达水平不高，在教学中应侧重教会他们一些既简单又常见的跨文化交际知识。如：在教学生如何进行拜访时，应教会学生在英美文化中，如想拜访某人，一般要通过某种方式，如打电话、当面约定等事先给所要拜访的人打个招呼，双方约好会面的时间和地点。而在中国，通常情况下，熟人和朋友之间走动互访一般不事先打招呼。随着教学的不断深入，学生的水平也在不断地提高，到了中高级阶段，在教学中就应该侧重教会学生一些更深层的跨文化交际知识，如价值观念、宗教信仰等。

（三）注重增加背景知识

教师根据课文内容增加相关的背景知识，不但可以提高学生的兴趣，激发他们的求知欲，而且还能加深他们对课文的理解。比如课文涉及手势的内容，我们可以就此介绍一些体态语言的知识，像中国人跺脚表示生气，而美国人则认为这是不耐烦；中国人指着自己的鼻子表示我，而美国人却是指着自己的胸膛表示我。美国的男人在交谈时总保持45～80厘米的距离，男人们之间除了短暂的握手之外，彼此很少接触，他们从不拉手，也不互相搂着坐。而中国人却从不讲究这个，男人和男人，女人和女人，只要是朋友或者关系亲密的人都会手拉着手，这在外国人看来是不可思议的，甚至会被认为是同性恋。

（四）改变思维方式

思维方式对跨文化交际有很大影响。由于中西方有着不同的思维方式，所以在交际过程中，就常常出现一些困难，影响交际效果，造成一些误解。

　　总之，教师在英语教学中，不能只单纯注意语言教学，而必须加强语言的文化导入，重视语言文化差异及对语言的影响。只有这样，才能引导学生在实际中正确运用语言。教学中培养学生的跨文化意识是英语教学的一项艰巨任务，是时代的需要。因此，教师要不断提高自身的业务水平，扩大知识面，当好主导，把握新的机遇，迎接新的挑战，为培养适应 21 世纪的人才而不懈努力。

第四章 跨文化背景下的大学英语教学模式

第一节 跨文化翻转课堂教学模式

随着当今社会对能够参与国际事务，进行国际交流的人才需求不断加大，跨文化交际能力培养在高等教育中的重要性日渐凸显。然而受制于诸多问题，跨文化交际课程教学的开展困难重重。所幸，翻转课堂教学模式的引入为问题的解决提供了出路。组织跨文化交际翻转课堂教学需从自主学习资源建设与学习任务设计两方面着力。

纵览我国近二十年的大学英语教学历史，以培养学生的英语语言知识为目标的通用英语课程长期占据着大学英语课程建设的核心地位，跨文化类课程的建设却始终得不到应有的重视。然而，在国门开放，中西跨文化活动日益频繁的今天，越来越多的大学英语教学工作者、英语学习者意识到大学英语教学绝不应拘泥于词汇、语法、句法的教学，因为这种纯粹的、"惟语言"的教学并不能实现学习者对西方历史、社会、习俗、礼仪等文化信息的了解、提升学生对中西文化差异的认知水平，更无法促进学习者跨越中西文化差异的障碍，准确、得体、顺利地开展跨文化活动。跨文化交际能力的培养应成为高等教育，特别是大学英语教学中的必要内容。

为了凸显跨文化交际教学在大学英语教学中的重要地位，2015年教育部组织专家编写的《大学英语教学指南》（讨论稿）明确指出"各高校应开设跨文化交际课程，培养学生的跨文化意识，提高学生的跨文化交际能力"。

《大学英语教学指南》出台以来，国内高校纷纷响应号召，围绕大学英语跨文化交际类课程教学进行细致研究与实践。然而，受到传统大学英语教学方式的影响，很多高校在进行跨文化交际教学设计时仍旧沿用原有的英语课程的教学形式。但受制于跨文化交际课程教学的复杂特性，这种老瓶装新酒的教学产生的效果并不客观。

一、跨文化交际教学的特性及其对教学改革设置的挑战

（一）文化教学内容复杂多变

文化教学是跨文化交际教学的重要组成部分。从美学、社会、语用等不同层面来看，文化涉及文学、历史、风俗习惯、价值观、礼仪、社交技巧等诸多要素。各要素错综交融，

纷繁复杂。故而很难在课上有限的课时内，通过教师蜻蜓点水式的讲授实现学生对西方文化深入、系统的了解。

此外，随着科技、社会的发展，各国人民的价值观、风俗习惯、社会规约等都在发生变化，因此文化是动态发展的。有鉴于此，没有一种出版教材能够真实反映最新的西方文化趋势和信息，真正满足文化教学的实时需求。

（二）提高跨文化能力需要思维训练

文秋芳教授将跨文化交际能力划分为交际能力和跨文化能力。其中跨文化能力包括对文化差异的敏感性、宽容性和灵活性。培养学生的跨文化能力，就要在思想层面提升学生的跨文化意识，使其在跨文化交流中对中西文化差异形成高度的敏感与深刻的洞察力。更为重要的是要引导和训练学生形成求异思维、批判性思维，以及移情能力，使学生能够客观、理智地去看待异域文化，并站在异域文化成员的角度去理解其思想与情感状态，从而达成共鸣，进而实现顺畅沟通与有效交流。

以上所述的意识培养与思维训练需要教师投入大量的时间，深入了解不同学生的跨文化意识与思维能力现状，并有针对性地给予指导与帮助。而这在课时有限、大班授课、教师主讲的传统大学英语课上是很难实现的。

（三）交际能力的提升需要大量实践机会

依据文秋芳教授的跨文化交际能力模式理论，交际能力是跨文化交际能力的重要组成部分。交际能力包括语言能力、语用能力和语言策略能力。在打磨这些能力的过程中，不论是训练学生恰当遣词造句，准确表达自己，还是锻炼学生根据不同的语用情景，选取适宜的话语结构，成功表明自己的交际意图，都要给予学生大量的情景化语言训练机会。然而，在有教师参与的有限的课堂教学时间内，文化知识教学、语言策略讲解等均占据着大量时间，难以实现学生的大范围交际实战训练。

通过上述分析可见，如果直接套用传统的大学英语课程的教学模式，来开展跨文化交际课程教学，定是"此路不通"。要解决以上问题，有效开展大学英语跨文化交际课程教学，可引入近年来在我国高等教育界日渐风靡的翻转课堂教学模式。

二、将翻转课堂教学模式引入跨文化交际课程教学的可行性

翻转课堂（flipped classroom），以布鲁姆的掌握学习理论为基础，翻转了传统教学模式中课上学知识（信息传递）与课下做练习（知识内化）两个阶段。学生在课前基于网络学习平台，通过观看微课视频，阅读文本材料，以及与教师和同学在线互动交流等方式，完成基础知识的学习。在课上教学中，教师指导学生自主与合作完成多种多样的拓展语言训练任务，实现语言知识的内化与交际能力的提升。应用翻转课堂教学模式，可在以下两方面有效满足大学英语跨文化交际课程教学的需求。

（一）课时安排方面

在跨文化交际教学中，不管是文化知识的学习，文化差异敏感度与跨文化意识的培养，还是跨文化与交际能力的训练都要占用大量时间，需要大幅度增加课时，这与当前大学英语课时日渐缩减的现实产生了冲突和矛盾。然而，应用翻转课堂教学模式，学生的课外网络自主学习在教师的在线实时指导、监督与管控下，在严格的考核评价方式的激励下有序、有效进行，真正使得课外学习被纳入整个教学体系中来，从而极大地扩充了课时量，满足了跨文化交际教学的需求。

（二）教师个性化指导下的思维能力训练方面

跨文化交际教学需要为学生创设大量的思维与能力训练机会，并需要教师在学生的训练中给予个性化的反馈、协助与指导。应用翻转课堂教学模式，基础知识的学习被置于课外进行，课上更多的时间则留给技能训练。这无疑为学生的跨文化交际思维与能力训练，以及师生的交流与沟通增设了大量机会。此外，在课外学习中，网络学习平台的使用，以及各类移动社交媒体的引入，使得师生的一对一实时互动交流成为现实，从而为教师指导下的语言训练开辟了新的场所。

三、翻转课堂教学模式在跨文化交际课程教学中的应用

根据翻转课堂教学的驱动者 Bergmann 和 Sams 的论述，翻转课堂教学模式的建构和实施与一系列要素密切相关，其中较为关键的有自主学习资源与学习任务。据此论述，构建适应大学英语跨文化交际课程教学的翻转课堂教学模式，需从这两方面着力。

建设适应跨文化交际课程的自主学习资源。在跨文化交际翻转课堂教学中，自主学习资源包括与文化知识、交际策略相关的视频、音频、文本、PPT 等多种形式的学习材料。在建设自主学习资源时，教师除了要把握前文所述的主题丰富、信息实时更新等原则外，还应注意以下原则。

启发性原则。文化复杂多变，而教师所能搜集和提供的文化自主学习材料有限，并不能完全满足学生全面、深入、动态地了解西方文化的需求。故在建设自主学习资源时，教师应把握启发性原则，使自主学习资源能够触动和启发学生针对相关文化领域开展自主探究与深入挖掘，激发其通过自主搜集和学习相关材料，扩展文化视野。

文化的复杂性和多变性，决定了跨文化交际教学的教学材料必定主题丰富、涉猎庞杂，且实时更新。这在翻转课堂教学中是易于实现的。在应用翻转课堂教学模式开展跨文化交际教学时，教师可以利用技术手段为学生的课前学习提供内容丰富、形式多样、与时俱进的在线学习材料。如教师可根据不同文化主题，结合最新资讯录制微课视频、引入国外最新媒体与影视视频材料、节选国际 MOOC 视频、摘用国外近期电子报纸杂志文章等。此外学生也可根据不同文化学习主题，借助互联网搜集大量的文化学习材料。

多样性原则既指自主学习资源的来源可多样化，广集教师自制，国际知名MOOC引进，学生根据主题和兴趣自选等众多渠道，也指自主学习资源的内容应涉猎文化知识，跨文化交际技巧，话语策略等多个方面，从而全方位地为学生的跨文化能力与交际能力的提升提供知识基础。

学习任务是贯穿整个翻转课堂教学的主线，是实现英语学习以学生为主体，促使其在"做中学"的过程中提升文化知识水平和跨文化交际能力的关键。适应跨文化交际翻转课堂教学的任务设计一方面需能够有效激发学生的学习动机，强化学生的探究兴趣与参与意识，另一方面要利于促进学生的文化知识学习，跨文化意识培养，以及对跨文化交际技巧与策略的应用。要满足这两大任务设计要求，可从以下两方面入手。

多样性原则。ARCS模型是由美国学者Keller教授（1983）提出的旨在通过教学设计激发与调动学生学习动机的模型。依据ARCS理论，影响学生学习动机的有四个主要因素，即注意（Attention）、关联（Relevance）、信心（Confidence）和满足（Satisfaction）。"注意"指教学设计要能够引起学习者的注意，激发学习者的学习兴趣和好奇心。"关联"是指教学设计应使学习者发现新的学习任务与已有知识、学习经历，或生活经验之间的联系。"信心"是指要让学生感觉到自己有能力完成任务，相信自己能够取得成功。"满足"是指学生通过完成任务获取成功能得到成就感。基于这四个要素，可生成以下任务设计原则，保证跨文化交际翻转教学的任务设计有效激发学生的学习动机。

引发注意原则。在跨文化交际翻转教学中，为了有效调动学生参与任务、完成任务的兴趣，设计的学习任务应具备趣味性、多样性、启发性等特点，以引发学生的注意，激发学生的探究欲。

关联成链原则。依据ARCS理论的关联要素理论，在设计学习任务时，应增强各任务间的关联性，使学生所面对的每一个新的任务与上一个任务相承接。各个任务环环相扣，构成任务链，贯穿每一个学习周期，促进学生为了下一阶段学习的有效开展，努力完成现阶段的任务。同时使学生基于上阶段的学习成果进行本阶段学习，从而增强学生完成本阶段任务的信心。

难度纵向递增原则。依据ARCS模型的信心和满意要素理论，在设计学习任务时应确保任务难度适中，既具有挑战性，又使学生通过努力研究和执着探索可以获取成功，从而使学生在完成任务时具备能够成功的信心，在不懈努力完成挑战后，获取极大的成就感。对于任务难度的把控应遵循难度纵向递增原则，保证在每个课前、课上和课后的完整学习过程中，随着学生相关知识的不断增长，任务链上的各项任务难度逐一递增，以实现任务的动态难度适中。

以学生的跨文化知识与能力发展为导向创新任务形式。为了促成学生的跨文化知识水平、跨文化交际能力水平的提升，可创新任务形式，有针对性地引入适合跨文化交际教学的新型任务。

文化项目研究任务。西方文化广博，教师选择传授的文化知识只是沧海一粟。学生的文化学习如果仅止于此，那么他们将只窥一斑，不见全貌。有鉴于此，在跨文化交际翻转课堂教学中，教师可引入文化项目研究任务。课前引导学生结成项目研究小组，围绕不同的文化主题项目，开展合作研究。使学生通过自主查阅和学习大量文化材料，整理和加工文化信息，研究和分析文化特征，深化对相关文化领域的有力把控。课上指导各项目研究小组就研究成果进行汇报，一方面促使汇报小组成员在梳理和提炼相关文化信息的过程中，不断将知识内化于心；另一方面促成各小组间的文化信息共享，实现学生文化视野的全面扩展。

案例分析任务。跨文化交际教学的一个重要目标就是培养学生的文化敏感度与跨文化意识，使学生在跨文化交际中，能够突破母语文化的交际范式，根据自己的意图与交际文化环境，准确选择交际策略与语言，实现得体、恰当的交际。为了达成这一目标，在课前学习中，教师可以引入大量视频形式的跨文化交际案例，使学生接触和熟悉跨文化交际实例，培养其跨文化敏感度。在课上教学中，教师可组织不同小组进行案例分析，并给予指导性反馈与点评。案例教学旨在引导学生运用所学跨文化交际的知识与技巧，进行开放性的思考和分析，从而有效提升学生的知识与技巧应用能力。

情景交际任务。交际能力的训练是跨文化交际教学的主要任务之一。在跨文化翻转课堂教学中，可依照翻转课堂"课前传递信息，课上内化知识"的教学流程，在课前发布相关交际技巧、语言策略的视频学习资源，引导学生了解跨文化交际中涉及的语言、语用知识。在课上教学中，教师可应用多媒体设备模拟创设各种情景交际环境，组织学生以小组为单位，进行多情景交际练习，促进学生在仿真交际情景中，应用课前所学交际技巧与策略，进行跨文化交际实践训练，以精进其交际技能，提升其跨文化交际能力。

第二节　文化自信与跨文化英语教学模式

经济全球化背景下，对英语人才培养提出更高的要求。值得注意的是，近年来高校在英语人才培养活动中，过于将教学模式"西化"，极大程度上冲击学生的文化自信，不利于学生本土文化自信与文化自觉的培养，这就要求立足于文化自信视域角度出发，对大学英语教学模式进行优化。本次研究将对文化自信概念做简单介绍，分析文化自信视域下大学英语跨文化教学现状，提出文化自信视域下优化跨文化教学模式的路径。

文化自信作为近年来主要文化课题，要求学校教育以此为出发点，在教学教育活动中帮助学生树立文化自信。特别对于高校外语学习活动，学生在学习过程中需接触中西方文化，极易丧失文化自信，这与高校英语人才目标完全脱离，但如何在英语教学活动中帮助学生树立文化自信，培养学生跨文化交际能力，成为值得考虑的问题。因此，本节从文化自信视域视角出发，对大学英语跨文化教学模式构建研究，具有十分重要的意义。

一、文化自信基本概念解读

关于文化的概念，早在《易经》中便提及"刚柔交错，天文也；文明以止，人文也"。主要用于描述人类对自然现象的认知与改造活动，彰显作用的同时也有一定意义。而英文中的"culture"，则被理解为人类通过自身力量对自然物取得的成果。无论中西方哪种对文化的概念，均可发现实质为对人类意义与价值的追求。而在此基础上提出的文化自信，可被理解为一个民族、一个国家充分肯定与践行的文化价值。

二、文化自信视域下大学英语跨文化教学现状

"生产性双语现象"是近年来大学英语课程开展的重要理念，其主要指在英语教学活动中能够帮助学生在语言、文化等多个层面进行培养。然而从当前英语教学情况看，仍有较多教学不足情况，表现为多方面，首先在英语课程目标上，教学活动中无论在结构语言学、语法或交际语言学方面，均对语言技能给予重点关注，其意味在课程目标完全停留在教学型目标上，包括语言规则、语言知识等，而课程潜在教育性价值却被忽视，这便导致学生所学习的为语言基本功，而非利用外语看世界，东西方沟通能力因此降低。其次，在大学英语课程内容上，目前英语教学活动中无论教学者或学习者均存在沉浸于英美文化中的现象，"中国文化失语"问题突出，造成学生更认同英语国家文化，难以将本国文化对等、主动输出。尽管近年来国内各类考试如四级、六级，均设置汉译英题型，将中国社会发展、经济、政治、文化内容融入，以此平衡课程内部不同文化，但在课程实践活动中，无论教学内容或教学形式，目的语文化仍为主流。最后，教学方法问题，如教学活动中，未能选择有效的方法帮助学生树立文化自信，学生跨文化交际能力难以得到培养。

三、文化自信视域下大学英语跨文化教学模式构建路径

（一）课程目标优化

针对大学英语教学现状，首先应注意在课程目标上优化，尽管大学英语教学要求学生习得新的语言，但为适应"文化强国"战略，教学目标设置应围绕中国文化。例如，教学活动中可将学生文化敏感性作为主要内容，主要强化学生文化敏感性，如部分课程学习中，包括英美文学、英美概况与影视欣赏等，教师需引导学生在了解西方文化的基础上，做好中西宗教信仰、价值观与风俗习惯对比，以此提升学生对中西方文化的认识。另外，为使学生跨文化交际能力得以提高，可考虑围绕课程目标在课程设置上优化，如跨文化交际学、国情语言学以及语用学等，这些在保证学生习得语言中，跨文化意识得到培养。

（二）课程内容优化

作为国际通用语言，英语学习不再局限于传统"mogolingual"英语单语模式上，更倾

向于"multicultural"多文化、"multilingual"多语，此时可考虑借助英语学习实现中国文化"走出去"。教学活动开展中，应考虑将中国传统文化内容融入其中，包括语言文字、历史、建筑、文学、宗教、文学与学术思想等，鼓励学生在学习中主动对比中西文化，且注意"扬弃能力"的提升，强化学生跨文化交际能力。

（三）教学活动优化

英语教学活动开展中，应注意在教学方法上优化，其是提升学生语言能力。如教学中引入第二课堂，如中西方常见禁忌语、谚语等，或开展关于西方节日的专题晚会以及其他欣赏原版电影、辩论赛等。教学活动的优化，不仅吸引学生参与到课堂活动中，而且有助于强化对中西方文化的理解。

文化自信是目前高校英语跨文化教学模式需关注的重点。实际开展教学活动中，应正确认识文化自信的基本概念，立足于当前跨文化教学活动中存在的问题，采取有效的优化措施，包括课程目标、课程内容与教学活动优化等，确保大学英语跨文化教学模式更加完善。这样在跨文化教学模式构建下，可帮助提高教学质量，同时在帮助学生提高跨文化交际能力、建立文化自信均有积极意义。

第三节　产出导向法与跨文化英语教学模式

在英语教学中，不仅要关注英语语言体系的学习，还要注重培养学生的跨文化交际能力。英语教学的根本目的是将英语当成交际工具，完成双方的交际。以语言主观性视角探究基于产出导向法的大学英语教学模式，在此教学实践中，用输出驱动来推动语言输入，最后达到较高甚至更高质量的语言输出。通过教学实践证明，该教学模式能够促进学生的跨文化交际能力培养、个性化学习方法的形成和学生自主学习能力的发展，符合大学英语教学改革的要求。

现阶段，大学英语教学一直存在"费时低效""重知识、轻应用"的现象。虽然英语教学改革取得了巨大的成果，但很多教师采用"填鸭式"教学模式，忽略学生语言运用能力和交际能力的培养，导致了学用不统一现象的产生，学生的语言知识与语言运用能力失衡，英语实际运用能力薄弱，很多学生经过多年的英语学习后，仍很难与外国人面对面交流。此教学模式下，学生的学习兴趣根本调动不起来，课堂上也产生了被动学习的习惯，变得越来越懒惰，很少主动探索和思考，更不用提自主学习能力与探究能力的提高。根据《大学英语课程教学要求》，大学英语教学应该能促进学生的个性化学习和发展，并培养学生的自主学习能力，要使语言学习效果最优化。

一、语言的主观性与跨文化语用能力

国内语言学界目前普遍采用下述定义："'主观性'是指语言的这样一种特性，即在话语中多多少少总是含有说话人'自我'的表现成分。也就是说，说话人在说出一段话的同时表明自己对这段话的立场、态度和感情，从而在话语中留下自我的印记。"语言并非是一个静止的、封闭的、自给自足的系统，它会在使用过程中受到影响而发生动态的变化，在这种动态变化中获得创新与发展。随着人们认知的不断深入与丰富，语言系统本身，语言使用系统，人类的认知系统及概念系统会被不断扩充，在使用中产生新的内容，失去原有的客观意义，留下自我印记，形成新的概念，逐渐体现表明使用者立场、情感、态度或评判等自我因素的主观意义，同时也体现了人们在语言使用中的创新意识。

文化作为语言的载体也同样如此，一方面文化具有客观的、已有的、显现的和约定俗成的特性，另一方面同时还有着即时的、潜在的、主观的、个人的、情感的特性。如果只强调文化的客观属性，教学中就会缺少主观能动，教学内容与方法也会倾向于传授已有的文化事实，从而使知识的传授缺乏实际性和实践性。因此，在理解跨文化语用能力时，我们需要关注文化的主观属性，即要重视学生跨文化能力中的思维能力，在教学中除了要传授单纯的课本知识，让学生了解已有的文化事实和掌握一些已有的交际规约外，还要引导学生去感受和体验现实的客观事物，设想自己亲身体验跨文化的场景，培养学生对社会客观现实问题有敏锐的观察与关注，并引导学生发挥自己的主观能动性，对其文化现象做出自己的主观理解与评判，进行换位或逆向思考，形成独立的分析与判断，构建出自己特有的跨文化语用知识体系及能力。

二、产出导向法

"产出导向法"是文秋芳教授继"输出驱动假设"和"输出驱动—输入促成假设"之后提出的针对我国成人外语学习的教学理论，包含三个核心环节：一是"驱动"环节，旨在激发学生完成任务的热情，提高学习英语的动力；二是"促成"环节，教师提供必要的输入材料，引导学生通过对听和读材料的选择和加工，获取完成任务所需的语言、内容、语篇结构等信息，促成产出任务的完成；三是"评价"环节。

三、产出导向法在跨文化教学实践中的运用

产出导向法的教学流程包括驱动、促成和评价这三个阶段，其中，教师起着中介的作用，而非主导的作用。根据此三个阶段，以新视野大学英语（第二版）第二册第四单元 A Test of True Love 为例，笔者经过反复修改与完善，设计出了一个教学计划，哈尔滨理工大学机械 2016 级 A2 班学生进行了 2 周的教学实验，每周 2 学时，班级人数为 45 人。

（一）教学主题

笔者以"真爱的考验"为主题，以爱情作为交际背景，一是学生对于这一情景并不陌生，有利于教学的开展；二是本单元的选取既有利于提高学生的语言综合运用能力，又有利于提高学生的跨文化交际能力。

1. 驱动

不同于以往的传统教学，基于产出导入法的大学英语教学模式在本单元的开始就进行了产出的驱动。

2. 教师呈现交际场景

"教师呈现交际场景"是基于产出导入法的大学英语教学模式最具创意的部分。在学生学习本单元之前，教师就明确向学生介绍他们在今后的学习或工作中可能会遇到的交际场景和讨论话题，将之前在互联网上搜索到的其他院校学生拍摄的关于"真爱的考验"小视频呈现给学生，使他们将自己置于这些情景当中，感受此情景的存在，并思考在这些场景中所要讨论的话题及语言产出过程中可能遇到的困难。

3. 学生尝试完成交际活动

学生尝试完成的交际活动有两个：一是以小组为单位模仿不同的人物角色，并结合实际改编课文剧本，值得指出的是，此过程中，学生必将在剧本中加入自己的情感、态度或想法等，使剧本带有主观性；二是小组成员可以根据故事场景画出简笔画，随后让其他组的学生看图描述故事场景。此任务中的文化点介绍、剧本的改编和角色的扮演等均属于语言使用范畴；目的都是完成语言输出，提高自己的跨文化交际能力。在此过程中，学生会亲身体验到，完成这样看似简单、平常的产出任务并不容易，平时排练过程中会遇到很多语法错误的句子或不会表达的句子等尴尬。这就使他们对知识有一种渴望，产生了一种学习的压力和动力。

4. 教学目标

教学目标包括语言目地和跨文化交际目标。语言目标包括：（1）完成任务所需的基本词汇和短语表达，并能熟练地运用到日常交际对话中；（2）根据课文重点词汇完成与四级相关的翻译练习；（3）掌握多种猜词意的方法；（4）运用暗喻（metaphor）等修辞手段。值得指出的是，这些语言目标一定要能为交际目标服务。跨文化交际目标即培养学生的跨文化交际能力，具体表现为：一是培养自己的跨文化意识；二是能够将本民族文化和外来文化有机结合，有效地进行文化交流。

（二）促成

在此环节中，教师描述产出任务，依据产出导向法，不同于传统的教学方式，重新设计教学环节。笔者根据机械 A2 班学生的外语水平，对教材中原有的产出情景的难易程度做出了适当的调整，并根据学生本身的外语水平的差异，列举了有区别性的产出任务，这样，不同水平的学生可以进行选择学习，充分发挥自己的优势、潜能。教师然后将大任务分成若干小任务，在上课前分配给学生，让学生的学习有的放矢，让学生带着任务去学习，来驱动输入性的听和读，教师分别完成教学环节中的各项设计任务。本单元的产出任务呈现方式分两种：一是以拍摄小视频的形式，学生的拍摄地点可以选择校园的任何角落，剧本可根据课文进行自由改编，旨在表达本单元主题；二是看图说话形式，笔者在网上搜了关于《真爱的考验》的不同图片，要求学生只看图片，重复每一幅图的大意。在此过程中，学生要把握全文的大意，有意识地关注在产出任务时所需的重点的、有用的词汇以及短语和句子结构等。不管何种形式的产出任务，学生都会按照任务的要求，将自己的主观态度、情感或想法体现在自己的语言中，有利于提高自己的语言产出能力。

（三）学生产出

在本教学试验中，学生的产出活动以说为主，在教学过程中，开始于说，又以说为最终结果。值得指出的是，学生在产出之前，一定要有必要的输入，输入主要以阅读有关"真爱的考验"的文章以及观看关于"真爱的考验"的视频，利用相关的文本话题和相关情景实施产出活动，目的在于激发学习的动机或激活原有的知识。其"相关"不仅体现在内容上，还体现在价值上和态度上等，这样就将"说"和"读"有机地结合在了一起。此外，教师还可选取一些既与文本相关又具有潜在交际价值的信息。本教学试验中，学生可以采用口头报告或对话或拍摄成情景剧的形式输出所学知识，旨在驱动。但该阶段教师需要关注学生"说"的内容，确认学生的产出与本单元主题是否相关，如不相关，教师应提醒学生通过继续阅读文本纠正、补充其产出，这也体现了教师的指导作用。整个产出过程都是以学生为中心，在教师指导下进行的。

此外，课上阅读材料或课外资料或是接受听力材料，其目的都是完成产出任务。笔者所教班级分为9组，通过每组的表演可以看出学生在编写剧本过程中，在课后做了大量的相关阅读，并将自己对课文的理解、观点和态度加入到剧本当中，发挥了自己的主观能动性，可见，学生的积极参与是完成基于产出导向法教学的重心。

（四）评价

评价环节旨在通过评价学生的语言产出，使教师了解教学效果。此外，还可以帮助学生了解学习成果，进一步提高自己的产出质量。可见，评价环节促进了学生的学习，提高了学生学习的积极性与热情。

此环节中学生需提交书面台词，还要在课堂上进行口头上的分组表演，在此之前，每位学生会有一份评分表，表演后，其余学生会为参加表演的同学打分。其后，教师会进行点评，旨在扬长避短，优点要借鉴，缺点要避免，以便更好地学习。值得指出的是，教师的评价不能一概而论，要有针对性和区别性。在试验过程中，笔者主要从五个方面进行评价：（1）本单元学到了什么？（2）认为自己的语言产出怎么样？（3）学习过程中遇到的困难是什么？（4）你认为此教学方法怎么样？（5）对教师有什么建议？

四、产出导向法的教学效果

在教学实验的过程中，产出导向法给课堂带来的效果和让师生的受益是笔者尝试过的其他教学法无法比拟的。首先，产出导向法能够激发学生积极的情感体验，降低了学生做任务时的紧张或焦虑情绪。具有驱动的任务调动了学生的学习热情与积极性。在学生拍摄视频的过程中，学生利用真实的跨文化交际视频，创造自己想象出的交际情景，这样，使学生的语言产出任务更具交际价值，让学生感受到所学的知识能够真实、有效地应用到实践，从而增强了学习兴趣和并能更加投入到今后的学习当中。学生经常会以"喜欢""喜爱""相当有用""实用性很强""非常有趣""特有成就感"等词来评价此教学方法。

其次，产出导向法可以使学生获得更多实际操作使用语言的机会。在课上不是被动地去接受知识，而是积极学习，参与并认真完成产出任务，促进学生的接受性知识向产出性知识转化，学习的惰性也得到了有效的克服。在课堂中，教师可以通过灵活的手段创设更多的语言使用机会，向学生提供必要的视听材料及阅读材料，引导学生根据产出任务的驱动进行有选择性的学习，在此学习过程中，学生也将新学到的语言知识应用于实践。随着练习的增多，不仅学生的语言产出能力大大提高，其语言产出质量也大大提高，让学生感受到所学的知识与实际应用密切相关，更加增强了学习的动力和激情，真正体现了"学用一体"的教学理念。

再次，产出导向法提高了教师的教学能力。传统的教学依赖教材、以输入为主，产出导向法教学而是以产出作为驱动和教学目标，其关注的是如何有效地学习。在整个教学过程中，教师起着中介的作用，而非主导作用，其任务不是"满堂灌"，而是促进学生去有效地学习和检验、评价学生的学习效果，所以此教学法较传统的教学方法而言，对教学的要求更高，教学难度也更大，教师需突破习惯性的学生被动地接受知识的教学模式，按照教学进程和不同学生的不同需求随时调整教学方式，此过程中，教师受到了极大的挑战，教学中需要不断地创新，不断搜集与教学内容相关的输入资料，不断研究适合本单元教学的、独特新颖的语言产出任务，除了使用教材之外，还可通过互联网等资源设计对学生有用的或者学生感兴趣的话题。同时，还要不断提升自己的评价能力，从而提高教师的协调和组织能力、引导能力、英语语言能力、管理能力以及领导能力。

最后，产出导向法教学提高了学生的综合素养和思辨能力。学生通过互相合作的产出练习，不再像以前一样羞涩和为难，逐渐变得自信，勇于表达自己，展示自己，能够把得到的信息清楚地、有条理地讲出来。同时，学生还形成了合理安排时间完成任务的能力，提高了团队合作能力、信息选择能力、交流能力、组织能力和表达能力等等。在此过程中，产出导向法不仅可以督促学生积极地、有效地实行语言输入，以便更好地掌握语言知识，同时还能检验和复习巩固所学知识，提高自己的表达能力与思辨能力。

跨文化能力的培养是知识的传输与学习的双向过程，还是一个不断实践的、动态的过程。在外语教学中，应当利用有效可行的方法培养学生解决交际中遇到的问题的方法和策略等。实践证明，语言主观性视角下的产出导向法能有效地安排教学，帮助学生整合学习任务，同时，还可以提高学生的跨文化素养，为培养学生跨文化能力提供更有效的支持。

第四节　跨文化英语教学中任务教学模式

语言是文化的载体，作为一门语言，英语兼具工具性和人文性的特点，英语本身即是以其为母语的国家文化的一个重要组成部分。伴随英语交际同时产生的还有不同习俗、不同思维方式、不同价值观的交流与碰撞。当今世界，文化交流日趋频繁，人们在彼此交往中由于误读对方文化而导致的冲突屡见不鲜。高校学生对英语的学习早已不仅着眼于单词、语法等基础层面的理解与应用，更重要的是应对语言负载的文化有一定的了解，对母语及目的语的文化差异具有一定的敏感性，并进一步了解这种差异背后的原因，从而以包容、开放的心态从容应对跨文化交际中的种种问题。教育部 2017 年最新修订版《大学英语教学指南》指出：就人文性而言，大学英语课程的重要任务之一是进行跨文化教育，培养跨文化交际能力，为迎应全球化时代的挑战和机遇做好准备。跨文化交际能力的培养已成为高校大学英语教学的一个重点，但在实际教学中仍存在理论与实际脱节等问题。因此，笔者拟就任务教学法在跨文化交际教学中的应用进行探讨。

一、跨文化交际课程教学的现状及难点

跨文化交际课程开设的意义。高校开设跨文化交际课程意义重大。首先，它能帮助学生提高语言综合应用能力。目前高校跨文化交际课程多为英文教材，课堂授课以英文为主，教师同时会布置大量延伸阅读。该课程的学习对学生语言能力要求较高，学生在大量阅读中语言能力得到较大提升。跨文化交际课程中的言语交际这一部分，直接在日常言语交际、文化负载词、习语、禁忌语、文化思维模式等方面进行中英文对比，一定程度上可以帮助学生进一步了解语言的特点，从而提高语言综合应用能力。其次，这一课程的开设有助于学生传承本国文化，增强民族自信。学生在对中外思维模式、价值观、世界观等全方位对比过程中，对本国文化的特点及优势有更透彻、更客观的了解，有利于培养民族自信心，有利于民族文化的传承。最后，跨文化交际的学习能帮助学生拓宽国际视野，了解他国文化，进而取长补短，学会批判性思维。这门课程的学习让学生学会客观、理性地看待全球多元文化，在跨文化交流中尽量避免立场的预设，不盲从、不自卑、不骄纵，塑造包容、开放的跨文化人格，提高跨文化交际能力。

跨文化交际课程的现状与难点。在全球多元文化互相交流、融合乃至冲突日盛的今天，

跨文化交际是实践性与实用性很强的一门课程，但目前我国高校具体实际教学中仍存在一些问题。

（1）授课方式较为传统，学生参与度不高。

目前高校开设的跨文化交际课程，有时仍然采用以往的授课模式。部分时间由老师在台上讲授、灌输知识点，学生相对而言较为被动。在这种教学模式下，学生难有较多时间进行充分的讨论、分析与思考，而跨文化交际课程侧重的是引导学生在案例的讨论与学习中，总结、体会不同文化背景的人在言语、非言语模式、思维方式及价值观等方面的差异，以及这些差异产生的文化背景，从而站在更客观的立场克服跨文化交际中的障碍，提高自身跨文化交际能力。这就需要充分发挥学生的能动性，让学生积极主动地参与学习，而不仅仅作为一名被动的课堂听众。

（2）学生中存在对跨文化交际课程重要性认识的不足，认为课程不实用。

跨文化交际与听、说、读、写、译等语言技能类课程有所不同，侧重于中外文化差异的比较，属于文化拓展类课程，短期内对学生就业不会有太大帮助。部分学生可能认为这门课程不实用，对四六级考试及各类证书的考取并无帮助，因而学习起来敷衍了事。

（3）部分教材内容较为陈旧，难以引起学生共鸣。

文化是动态的，不会停滞不前。当前，全球化信息化步伐越来越快，一方面，不同文化在彼此接触、共处的过程中不可避免地相互影响，各自行为方式、礼仪习俗等发生变化。另一方面，青年学生与外界的交流机会日益增多，对外界的了解越来越多，曾经产生的某些文化误读可能随着彼此交流的扩大逐渐减少。但目前高校跨文化交际教材中的一些案例比较陈旧，甚至有些为二十世纪八十年代西方人与国人交流的案例，放在今天的时代背景下，难以引起学生共鸣，直接导致其缺乏学习兴趣。

（4）不少教师缺乏实际的跨文化交流经验，缺少相应的系统培训。

目前我国高校从事跨文化交际类课程的授课教师中有一些因条件所限，欠缺与不同文化背景的人交流的实际经验，也缺乏这方面的系统培训。导致老师在授课时局限于课本知识点和教材中的案例，难以进行较多的延伸与拓展，引导学生进行更深层次的讨论、思考与总结。

此外，教师在实际授课中可能还面临班容大、课时紧、内容多等问题，种种客观条件导致教师教学自由度不够，难以充分开展课堂活动，给予学生较多实践、思考的机会。

二、任务教学法的理论基础

语言学家 David Nunan 将任务语言教学中的任务定义为"学习者用目的语进行理解、操练、产出与互动的任一课堂活动，而且学习者主要关注意义而不是形式。任务应该具备完整性，本身就是一项交际行为"。Peter Skehan 对"任务"有五点定义：①以意义为主；②需要通过语言交际解决任务中的问题；③任务与真实世界的活动有相似之处；④首先需要完成任务；⑤需要根据结果对任务进行评估。从上述对"任务"的定义可以看出，作为任务教学法的中心，"任务"的建构围绕意义的表述展开，具有目的性、开放性、真实性、交际性等特点。任务的重点不在于语言技能的操练，而在于意义的表达，强调以学生为中心，而任务的完成需要有明确的结果。

在任务驱动型语言教学过程中，教师作为任务的设计者要根据学生的语言能力、知识层次精心设计难易适中、操作性强的任务。Willis（1996）将教学任务按难度分为六大类，分别为：列举型任务（Listing）、排序和分类型任务（Ordering, sorting, classifying）、比较型任务（Comparing, matching）、解决问题型任务（Problem solving）、分享个人经验型任务（Sharing personal experiences）和项目型任务（Projects/creative tasks）。教师在任务设计过程中可以根据不同学生的实际水平，选取或设计不同层次和梯度的任务，尽可能让全部学生参与完成任务的过程，提高学生解决实际问题的能力。

任务教学法通常分为任务前、任务中和任务后三个阶段。任务前阶段包括语言材料的选取和导入，任务背景的介绍，相关知识的准备等；任务中阶段包括任务的设计、组织与实施，以及对任务难度的把握等；而任务后阶段则需要评估任务是否圆满完成，并对完成的任务进行评估和总结，对学生能力进行评价，并进一步巩固强化对重要知识点的掌握。任务教学法以学生为中心，将学习与实践相结合，强调在做中学，在学中做。教师为学习任务的设计者、指导者，学生为学习任务的主导者，学生间多以小组合作的方式完成任务。任务教学法将知识的学习从课内延伸至课外，最大限度地弥补课堂学习时间不够的不足，并且激发学生的学习兴趣，对于跨文化交际课程教学是有非常积极的意义的。

三、任务教学法在跨文化交际课程中的应用

任务教学法中的任务具有一定的真实性和交际性。任务教学法将知识的学习融于任务的解决之中，将学习与实践相结合，这种探究式学习方式能最大限度地激发学生的学习兴趣。跨文化交际课程是一门交际性与实践性较强的学科，教学目的是让学生通过真实的案例了解并学会尊重不同文化之间的差异，以包容、开发的心态与不同文化背景的人进行交流，并根据交际情景和交际对象的不同，恰当地使用交际策略，将理论知识与实际应用相结合，从容应对交流过程中出现的各种问题。任务教学法在跨文化课程教学中的具体应用可以按任务的三个阶段进行细分。

任务前阶段：学生自行分组，自选组长。在教师的引导下，各组学生明确任务需实现的目标，进行组内分工，明确每个学生在任务中的定位。同时，教师应就布置的任务进行知识的导入，文化背景的简单介绍，或提供视频资料等，帮助学生理解并规划任务。

任务中阶段：①制定阶段性目标并将任务细化，明确各时间节点。前期资料搜集完毕后，小组组内交流汇报，进行讨论，提出解决问题的方案或梳理清楚观点，并最终形成报告。②小组进行班级汇报，在班级范围内与其他同学互动、讨论。

任务后阶段：教师进行点评与总结，解答学生的疑惑，进一步帮助学生理清与任务相关的跨文化知识点。随后，小组同学再进行总结，争取对相关知识有更清晰、更系统的理解。

在实际教学中，笔者以探讨中美友谊观的差异作为一次项目型任务，在课堂教学中应用任务教学法。教学过程按以下步骤展开：

①以四到五人为一组，做好前期任务分工，如案例的搜集、信息的查找、问卷的设计（如幽默感、智力，忠诚、热情、独立性、教育背景、信仰在中美友谊观中分别所占百分比）等，并要求学生将任务细分到各组员。

②前期任务完成后，组员进行资料的讨论或案例的分析，并以采访等形式完成设计的关于中美两国各自友谊观的调查问卷。随后，小组就得出的数据进行总结，找出两者的差异。第三步，小组成员将各自讨论后的观点形成文字，结合各项资料、数据，以 PPT 的形式进行班级汇报，教师随后引导学生进行班级范围的讨论。

③在任务后阶段，班级讨论结束后，教师进行打分、点评及总结，并结合学生的讨论内容与案例进一步引导班级学生交流、思考并总结中美友谊观的异同，让学生对其有更深入的理解，从而更客观、从容地应对跨文化交流中的类似问题。

在整个教学过程中，学生围绕中美友谊观的差异这一主题，查找资料，调查探究，交流讨论，并用报告的形式向班级同学展示学习成果，在完成任务的过程中学会运用语言解决实际问题。学生参与度高，课堂气氛活跃。任务完成后大部分学生对中美友谊观的异同有了一定的理解，最终教学效果是比较好的。同时，采用任务驱动教学模式，课堂师生互动性更强，讨论氛围更为浓厚，教师在教学中与学生产生情感共鸣，更易获得满足感及成就感。

任务教学法在跨文化交际教学中具有较强的实用性，它将课堂学习延伸至课外，给予学生更大的空间，让其在探索任务、解决问题的过程中学会如何将理论知识与实践相结合，充分发挥主观能动性，培养解决问题的能力、独立思考的能力，激发学习兴趣，培养协作精神。当然，在具体教学过程中教师会遇到一些问题，如小组成员之间学习态度、学习能力、知识层次存在差异，可能导致部分学生敷衍了事，或过于依赖他人，这就需要教师在学生完成任务的过程中扮演好引导者、监督者的角色，随时与学生沟通，提供帮助，在学生制订、分配任务的过程中亦可以加以指导，尽量使每位学生充分参与任务，提高跨文化认知与交际能力。

第五节　多模态交互与跨文化英语模式

20 世纪末的西方注重教育，提出了一套涉及图像、色彩、动作和音乐，并配合社会符号学所形成的话语分析理论体系，即为多模态。21 世纪中多模态便形成了独立的教学方法，首先引入英语的语言教学，之后便形成了"多模态教学方法论"。当今社会科技飞快发展，多模态教学中也逐渐涉及了越来越多的科技手段与科技产物，如计算机、多媒体、投影器、录音录像设备等，并且结合多种其他教学方式学习相关教学技术，在经验的累积与科技的辅助下构成了现行的多模态教学手段，此手段不仅在教育教学方面有积极作用，如提高教学质量与效率，丰富语言教学资料等，还可以培养跨文化模式交际能力。本节将从英语教学方面探析多模态跨文化交际能力的培养情况与理论依据，从社会符号学与认知心理学的角度入手，最终得出其培养框架。

跨文化的定义十分简单，与本民族有异文化有差异或有冲突的均可称为跨文化，但跨文化能力的定义涵盖则十分广泛，所以学术界一直无法直接给出明确的定义。但综合历代以来学者对于跨文化交际能力的定义来看，跨文化交流能力主要是掌握并熟练运用语言和语法、了解具体的语境，能够采用适当的交流方式、有意识地进行恰当而高效的跨文化交际。

随时代发展，英语已经成为世界性的语言，掌握英语是实现跨文化沟通交流和各国发展战略的重要途径，所以大学英语的教学显得十分重要，各个大学竞相开启了英语教学模式改革，多模态交互式英语教学则是新型一种高效的英语教学模式，可以在使学生掌握语言要点并熟练运用的同时，增强跨文化交际的意识，完善跨文化交际的知识，培养锻炼跨文化交际的能力。

一、英语教学中多模态跨文化交际能力培养的能力

（一）社会符号学依据

社会符号学涵盖了许多图画、言论、行为、着装等可视化对象，其作为特殊的语言符号，具有独特的社会性质或可在社会中流通，其可以传递信息、表达意义。模态二字虽为抽象的语言符号，但在人体中也有多种模态存在，如与五感相对应的视觉模态、听觉模态、触觉模态、味觉模态、嗅觉模态，与生活联系密切，在人际交往中需要配合以上五种模态进行交流，因此，交际是多模态的行为活动。跨文化交流则需要语言、图像、声音、行为等多种手段与符号象征，同时也需要五感的配合，此种交际能力可在学习外语的过程中得到锻炼，但不仅仅来源于此，所以外语水平不能直接等同于交际能力，在外语教学中应有意识地借助多感官影响，如视觉、听觉等多种模态，潜移默化地影响学生、培养跨文化交流的意识，培养且锻炼跨文化交际的能力。

（二）认知心理学依据

俗语说："一回生二回熟"，生动反映了大脑学习的规律与人类的认知规律，即需要多模态教学。从认知心理学的角度来说，比起平淡无味的海量知识以黑白文字与彩色图片进行教学，在教学中涉及视觉、听觉、触觉等多方面模态感受，大脑也更乐于接收此类互动式与借助多模态信息输入获得的知识。综上所述，多模态信息交流可显著提高大脑记忆力与各感官记忆。所以，可将此类多模式交互教学应用与外语教学实践课程中，借助计算机、

多媒体的技术，可显著提高外语课教学质量，培养学生兴趣与跨文化交流的能力。拥有此能力后便可以熟练地应用于跨文化沟通与建立人际网中，收获远远不止外语水平的提升。

二、多模态教学模式下大学英语跨文化交际能力的培养

跨文化交际并非笼统的词汇，其中涵盖了跨文化交流、跨文化意识、跨文化交流所应用的策略方法三个方面的基本要素，此概念也在学术界拥有较高的认同度。本节将从教学模式、互动模式、情景交流三个方面详细介绍大学英语教学中该如何运用多模态交互式教学模式，如何增强学生的跨文化交流意识，培养学生跨文化交流能力、丰富学生跨文化交流知识。

（一）以"文字+多媒体网络技术+教师引导"的模式丰富学生的跨文化知识

在现在的大学英语课堂中，越来越多的老师选择以多媒体投影的模式对学生进行教学，黑板板书的教学模式使用则越来越少。据观察研究可发现，"文字+多媒体网络技术+教师引导"的教学模式可以更好地调动起学生的求学兴趣，继而可以提高学生的语言能力。但在充分利用工具教学的同时，却少了语言人文性的体现。

使用多媒体的教学模式，可以生动地将多媒体网络中涉及的色彩、图像、视频等语言符号更好地为学生所感知、记忆。而且在这些丰富的副语言符号中，蕴含着多种不同的风土人情与文化魅力，而且可直观感受到语言的人文性。所以，教师在教学过程中，只要使用好教材中大量的语言资料与多媒体特有的动感视频与音频，并对学生加以引导，使他们能够更好地理解语言符号的文化意义与文化内涵，就不会造成大学生空有丰富的跨文化交流意识而缺少跨文化交流的能力的现状。

多媒体网络可将图像、声音、文字等多种副语言符号的作用发挥至极，在图片或视频展示中，人物的言语、体态、神情、衣着均可以生动地传递给学生，利于感知其中所含的文化内涵。多媒体教学远比单纯的文字描述性教学更确切、更丰富，且不会在人为表述中造成语言内涵的错误，导致对文化的误解与偏见。

所以，在大学英语教学中，教师应有意识地帮助学生分析多媒体中所展现的图像、视频、声音、文字等副语言符号中涵盖的文化内涵，使学生可以借助多媒体与老师的引导更好地理解语言文化的魅力，掌握跨文化交际的能力与知识。

（二）以"影像+师生/生生互动"的模式提高学生的跨文化意识和跨文化敏感度

除上文所说的"文字+多媒体网络技术+教师引导"的教学模式外，课堂中也应通过师生互动与生生互动的形式切身感受体验多媒体教学中呈现的画面内涵，更利于理解分析其中的文化魅力与文化知识，而不是全然借助多媒体的多感官体验式教学，来增强学生跨

文化交流的意识与能力。师生互动与生生互动可以演绎影片中的片段、讨论分析影片中的文化知识，交流发言，分享自己在影片中感受到的文化差异或文化魅力。借助自我感受、自我思考可以更好地培养到跨文化交际的意识，锻炼跨文化交际的能力。此法避免了老师讲、学生听的固定课堂模式带来的枯燥无味，加入多媒体网络技术进行影片播放等仅是第一步，老师应在播放影音的同时引导学生关注其中的语言点与文化差异，在强调学生模拟练习语言点与表达方式的同时，更要从跨文化的角度进行分析与讲解。因为语言仅是文化的载体，文化才是语言的根本魅力所在。从文化普及的角度出发，进行语言教学与练习，不仅可以巩固强化学生对于语言的掌握与应用能力，也不会导致学生把影视分享当作一种乐趣，不仅语言教学没有做好，也没有培养学生跨文化交际的能力。借助多媒体影音教学的主要原因是影片欣赏中有生动有趣和感人的情节，更有着丰富的语言文化知识，所以，在教师带领学生欣赏的同时，可以给学生留下适当的课后任务，如分组模仿其中情节、演绎情景剧、对影片内容进行描述与续写等，可以帮助学生更好地感知影片中的伦理道德与文化底蕴，在学习语言中同时掌握应用能力。

在师生互动与生生互动中，可以更好地接受对方观点，完善自己对于语言与文化的认知，更好地感受到中西方语言的差异与特点魅力，不仅可以提高学生对于语言的掌握与应用，还可以培养跨文化交际的意识与能力，提高跨文化交际敏感度与感知度。

在当今经济飞速发展，通信技术迅猛发展，各国间的交流越来越密切是发展的主潮流，跨国交流在人类生活中是无法逃避的，所以跨文化交流成了每一个国民都应掌握的能力。这就要求着跨文化交流的能力应从学生时期开始培养，在大学英语教学中，首先应当是学生掌握并熟悉运用语言要点与技巧，之后借助语言教学跨入文化教学，使学生可深入感受到异国文化的魅力与内涵，培养学生跨文化交际的思想与感知度，进而在授课中借助多模态交互教学模式，培养学生的跨文化交际的能力，在跨文化交际的实践中更好地理解跨文化交际，掌握相关知识与交际技能等，并可熟练将其运用到生活中，满足个人的发展与社会的需求。

第六节　英语教学与跨文化敏感度发展模式

随着全球化进程的不断加快，国内外跨文化交际也日趋增加。因此，中国新时代对人才的要求是不仅专业精，而且能够顺利进行跨文化交流，这就使高校外语教学面临一项新挑战——跨文化敏感度发展模式的应用。在以往的外语教学中，教师只注重学生掌握语言知识的情况，目的是学生的语言能力得到提高。目前，有很多学生可以顺利通过英语等级考试，却不能用外语在实际的跨文化交流中进行有效交流。鉴于此，主要从影响跨文化敏感度的因素入手，论述跨文化敏感度与大学英语教学的基本情况，并重点探讨大学英语教学中跨文化敏感度发展模式的具体应用。

加入世界贸易组织后,我国已经实现了经济大发展,并在跨文化交际中依托信息技术,将其作为平台,以经济为驱动力,进行了越来越频繁的文化交际。而对于外语教学者来说,如何培养具有较强的跨文化交际能力的人才就成为他们所关注的焦点。由此可见,为了跨文化交际更顺畅,大学英语教师也面临着新挑战,他们要承担起培养大学生跨文化敏感度的重要任务,这是当前他们的一项重要工作,而且大学英语已经将跨文化交际列为其主要内容。在跨文化背景下,跨文化敏感是促进成功交流的必需元素,在情感层面体现得尤为明显,既可以指跨文化敏感度,也可以指跨文化敏感力,也就是在不同文化互动或者是在特定的某一情景下,一个人的情绪或情感上发生的变化。Bennett 在 1986 年创建了跨文化敏感度发展模型,并且根据 1993 年 Bennett 的定义,跨文化交际敏感度就被认定为是能够适应现实中所存在的文化差异的能力,能观察到不同的发展阶段。我们要充分认识到跨文化敏感的重要性,它贯穿在整个跨文化交际过程中。所以,要提高学生的跨文化交际能力,培养跨文化敏感度就是该过程中的一个新挑战。

一、影响跨文化敏感度的因素

跨文化交际能力的研究中的一个重要因素就是跨文化敏感度。由于每个人的价值观念、文化背景、思维模式、生活方式以及宗教信仰等都各不相同,所以在跨文化交际时,他们在思维方式、信息交流上有差异性表现。如果不能感知并调节好不同文化所表现出的差异,那么跨文化交际中可能就会有误解、矛盾等产生,很难实现有效沟通。Chen 指出,有六种元素能代表跨文化敏感度,其中包括:自爱、开放的心灵、自我检视、移情、暂缓判断、互动投入,这六种元素能帮助理解"正面情感能力"。实质上说,跨文化交际指的就是不同文化背景的人在语言、思维及行为方式方面的一种正面交锋,它带来的疏离感、心理压力及挫折等会直接或间接地对交际者造成冲击。正是因为如此,才要求交际者要认识到自己的价值,并有自爱心。首先,拥有开放的心态便能适当地去解释公开自己的思想,同时对于对方的解释也更愿意接受;其次,自我检视是指在沟通交流中对自己的社交行为做持续的审视及观察,做到专注,对他人的取向要极为注意,这样才能更好地去适应不同的沟通情景;再次,移情和互动投入是能为对方多着想,将自己投射到对方的位置上,对言谈的交换更加专注;最后,文化交际过程中切忌妄加判断,必须谨慎行事。上述的六大元素中,移情决定了交际者能否彻底摆脱自身文化积淀所形成的思维定式的影响,使文化差异引发的文化冲突得以避免,跨文化交际顺利推进。

二、跨文化敏感度与大学英语教学

文秋芳在分析跨文化交际这一问题时始终有自己独到的见解,她认为,培养跨文化交际能力以及开展外语教育时,交际能力是主因,除此之外还包括跨文化能力,跨文化能力有三个部分,即:对文化差异的敏感性、文化差异处理的灵活性、对文化差异的宽容性。

这三个组成部分之间的关系是层级发展的，而跨文化能力的发展应该从底层到高层逐渐进行。在跨文化交际中学生不得忽视文化差异，必须重视起来，应对其端正态度，保持敏感性，对对方的文化给予充分的尊重和理解，并且要加强训练学生处理文化差异的能力与技巧。强调文化差异敏感性的目的是要求交际者在对异国文化关注的同时也要了解自己本国的文化，区别对待本国和他国文化之间的差异，也在提示英语教师对自己的文化加强认识。学生在大学英语学习中作为交际者，所以要树立自己的价值观，对于自己的文化要有一个完整的认识，能在跨文化交际中拥有良好的开放心态。此外，移情能力是对跨文化敏感度造成影响的一个重要因素，也是大学英语教师不容忽视的因素之一，而我们对问题的认识角度则是移情的根本意义。英语教师在英语教学时，为了学生的跨文化交际能力增强，就要帮助学生树立以下信念：看待问题必须站在多视角，仅围绕本民族文化视角是不对的，还要结合交际文化。只有从他国文化的角度看待问题，才能对他人的想法有全面的理解，也能确保跨文化交际更顺利。平时还要对学生加强有意识的训练，使移情能力提高。日常英语教学中，英语教师需要向学生渗透认知差距如何缩小的问题，并要对其他民族文化的熟悉程度予以加强，在这方面的训练要多一些，这对提高学生对不同文化的理解能力和感知能力有重要意义。

三、大学英语教学中跨文化敏感度发展模式的具体应用

（一）大学英语教学中跨文化敏感度发展模式的应用前景

1. 在语言教室中培养学生跨文化敏感度

Ford 认为，教学资源支持及学习挑战这两个方面应如何实现平衡是教学中谈论的关键，当学习中有新知识和新技能出现时，就要在挑战和支持之间获得平衡，否则学习者面临过多的挑战会身心俱疲，更为严重的还会有抵触情绪；相反的，如果有多的支持，那么学习者在这种情况下还会有懈怠产生，导致学习状态停滞不前。所以，教师在英语教学中要正视教学策略及应用的支持材料给他们的教学工作所带来的多方挑战，在此基础上采用恰当的交流方式及不同的学习方式合理地去评估所选择的教学方法，最终可以找到一个最为合适的教学策略。DMIS 还针对有较高要求的学习专题提出了一些可行性的建议，他指出各方面关系的平衡离不开教师的努力，教师还应在学习者的学习过程中尽全力地给予他们一些友好的支持，也要有具有挑战性的教学内容；教师在教学策略的选择上要有针对性，如果是日常化、比较乏味的话题，那么需要具有挑战性的教学策略。总之，在确保平衡框架的基础上，教师能让那些在讨论文化差异阶段有着种族优越感的学习者承受更大的挑战；当学习者在跨文化交际中处于差异的接受、认同阶段时，文化差异这一议题的挑战性就在一定程度上降低了，这样就可以在学习者参与高挑战性的活动时，运用更复杂的学习策略。

2. 学生的跨文化交际能力在第二语言文化教学中得到提升

DMIS 模式所描述的是人们逐渐获得跨文化交际能力的整个经历。该模式的重点是展示学习者如何克服自身文化及种族所带来的优越感。与此同时，习得文化的相似性和差异性被认为是这一模式中的重要部分，并揭示了跨文化交际意识的核心部分就是文化差异这一事实，认为时间问题是教学的关键所在，语言教师能将这些作为参考应用到教学中，比如，评估学习者为学习某些类型的文化所做的准备工作、如何选择学习活动以及排序情况、如何在进度的预先设定基础上有所发展、学习者在跨文化敏感发展的不同阶段如何更有针对性地提高自身的跨文化交际能力。

（二）大学英语教学中跨文化敏感度发展模式的应用对策

1. 初级阶段的对策

首先，文化差异否认阶段。"积极的无知"是这一阶段学生奉行的原则，并且认为"我并不需要知道"，强调的因素是熟悉。该阶段发展将帮助学习者对被否认的文化差异有个正确认识作为主要任务。教师要在授课时鼓励学习者对目标文化知识要多学习、多掌握，只有这样才能够使学生们对真实存在的文化差异有所认识，焦虑状况得以缓解。事实上，第二语言初学者大多数都处于文化差异的拒绝阶段，在此期间有大量的材料被应用到文化教学中，比如：关于文化的社会科学（如：政治学、历史学等）、目标文化知识（音乐、艺术等）、旅游常识，主要目标是语言符号的使用，而不是目标文化的运用。教师应当在课程设计时，选择的主题必须是不具争议性、又能愉快处理的主题（举办文化博览会、庆祝节日等）。在这一阶段，提高学生跨文化技能的关键在于大力收集文化信息、对文化差异的积极探讨、友好合作。

其次，文化差异抵制阶段。学生对文化差异的抵制其原因在于他们害怕发生一些预想不到的变化、怕承担风险，处于"围城"阶段，学生们极力对外，排斥其他种族，要求一致性，坚信民族至上。学生在该阶段将对文化差异的探讨看作是他们面临的最大障碍，寻求自身文化所能带给他们的安全感。在差异抵制期间，首要任务就是文化差异产生的分歧能减少，并得到控制，与此同时全面认识各种文化的相似部分。作为高校英语教师还要帮助学生对文化差异增加一些耐心、克服跨文化焦虑；关注该阶段学习者的文化群，多促进合作；提供的信息资讯可以是相类似的，也在一定程度上避免出现文化比较情况；对学习者不同阶段的自我调控能力做对比，包括耐心、宽容、焦虑管理等；给予学生一切支持和帮助，去发现人类文化的共同性。此外，教师还要努力培养学生对文化差异进行客观阐述的能力。阶段学习内容将其侧重点看作是自身文化及目标文化两部分，如在升学过程中对文化过渡重新体验并在这个过程中评估自身习得相关文化技能的情况。选择教学方法及教学内容时，教师要以有效互动、较低的语言要求为原则。教师可以要求学生来一场"头脑风暴"，说明某具体方面自身文化与目标文化之间的相似处；教师还应为学生提供更多的机会去找寻文化共性。学生跨文化交际能力阶段性发展的重点为：（1）自控能力；

（2）包容的能力；（3）焦虑排除的能力。

2. 中级阶段的策略

首先，文化差异最小化阶段。一般情况下，学习者在此阶段往往会转变态度，但是仍然会发现他们身上的种族优越感，对于文化间的差异应尽量去掩盖，将这些差异纳入到所熟悉的类别中，毫不影响自身的世界观，认定所有文化都一样。继续深入学习自己的文化是该阶段最重要的发展任务，目的是文化自我意识的加强培养，以免对文化比较过度紧张。教师应该让学生们充分认识到，每个社区都有各自的流行文化，尤其是让他们合理地去区分目标文化和自身文化这两类文化。此外，该阶段训练跨文化能力将其重点放在以下方面：开明的思想；通识文化知识；客观认识自身文化；听力技巧培养；准确地感知能力。

其次，文化差异认同阶段。学生在这一阶段会认为："你对文化有越多的了解，所做出的比较就能更好。"在该阶段，高校英语教师运用的教学方法更丰富、更有效。如：在教授文化词汇以及语言教学中，可以为学生介绍文化差异，以此激发学生的好奇心，提高他们的跨文化敏感性，从而引起学习兴趣。只有学生有了文化意识，他们所承担的文化认知任务就会更复杂。教师在已有的教学方法基础上积极探寻新方法，增强文化自我意识，合理地运用特殊文化及通识文化策略。

3. 高级阶段的策略

首先，适应文化差异阶段。一般来说，学生在跨文化交际这一阶段往往会运用移情技能，还会对自己的观点做出改变和调整，并认为："我尊重与我来自同一文化背景下和来自不同文化背景下的人们，尽管交流中我们持有不同观点，但应该被尊重。"这个阶段的文化分类系统正在逐步完善，学生基本都能掌握第二语言，并且在积极地探索问题，对语言能力要求更高，也希望能掌握更多的跨文化交际技巧。本阶段发展涉及解决问题使用的技巧、风险承担能力、互动技能培养等。在该阶段学生的自主活动开展得较多，主要目的是用以刺激跨文化敏感性发展。

其次，文化差异融合阶段。处于该阶段的学习者已经很熟悉双语双文化问题以及文化身份问题，主要的常见表达有："在充斥多元文化的世界，人们需要跨文化的头脑""当我弥补我熟知文化的差异时倍感满足。"文化背景问题他们很容易解决，他们通常在发现自己并非文化边缘群体时会备感欣慰。此外，教师为了让学生利用并借鉴理论模型，可以帮他们构建一个多元文化认同模式，也能帮到出国留学的学习者。总之，对大学英语教学中跨文化敏感度发展模式的研究是一个重要课题，高校以及英语教师要高度重视，从而加强跨文化交流。

第七节 跨文化思辨的英语混合式教学模式

跨文化思辨能力，是新时代对应用型人才的外语能力提出的更高要求，逐渐开始引起大学英语教师们的关注。该研究分析了大学英语课堂中跨文化思辨教学缺失的现状，提出了利用线上线下相结合的混合式教学，从教学目标、教学内容、教学手段、教学评价各方面构建基于学生跨文化思辨能力培养的新模式。

随着我国综合国力的增强，国际文化贸易交流日益频繁，尤其是近年来在"一带一路"方针政策的推行之下，国家致力于积极传播中国文化，构建对外话语，增强国际合作，非常需要培养大批具有跨文化思辨能力的英语应用型人才。然而，当前大学英语教学中，跨文化知识输入和跨文化思辨训练都比较少。在信息化教学发展的背景下，构建基于跨文化思辨能力培养的大学英语混合式教学模式，将线上跨文化教学与线下的翻转课堂相结合，利用先进的信息技术丰富教学内容和手段，可以一定程度上弥补跨文化思辨教学缺失的不足，必将成为大学英语教学改革的一种新举措。

一、跨文化思辨能力培养与大学英语教学

跨文化思辨能力涉及两个方面的内容，即跨文化能力和思辨能力，是二者的重合之处。跨文化能力可以理解为与不同文化背景的人们恰当、有效的交流的能力。它包含四个要素：跨文化态度，保持好奇心和开放的心态，不轻易否定其他文化；跨文化知识，掌握基本的跨文化理论知识；跨文化技能，能有效和恰当地进行跨文化沟通；文化批判意识，能够依据明确的标准对自身文化及其他文化的观点、行为和产品做出判断。思辨能力，又称批判性思维，既包含独立思考、求证精神、创新精神，又包括分析、比较、归纳，综合、推理、评价等一般性思维能力。思辨能力是外语教育的核心目标之一，是创新精神和实践精神的依托。因此，跨文化思辨能力，总的来说指在掌握跨文化知识的基础上，能进行不同文化的归纳、欣赏、评鉴和批判性思考，能对本国文化和西方文化的差异进行深度理解和评价的能力，从而实现不同文化间的有效交流沟通。

大学英语教学的目标，不应只是教授学生英语语言知识，使其具备良好的听说读写能力，还应该注重学生批判性跨文化知识和能力的培养。尤其是在当前的时代背景下，大学英语教学应该培养出英语语言文化与中国语言文化之间的桥梁型人才，兼具国际视野和中国情怀，能够理性地审视不同国家的文化差异，并有效进行跨文化沟通，只有这样才能满足国家对于兼具专业知识和高层次英语能力的人才需求。

二、大学英语混合式教学模式的必要性和重要性

大学英语课堂教学的现状是相应的跨文化思辨输入和输出活动都比较缺失。表现在两个方面：一是教材中缺乏跨文化知识和思辨的内容。教材单元的选题大多是人文类主题，其中只是零散地涉及跨文化知识的嵌入，没有系统性，课后的习题也基本没有对应文化知识点及思辨的相关练习。二是课堂教学课时少，教师需以完成教材内容为主，用于跨文化思辨教学内容的课堂时间受到一定的限制。

要解决这些问题，可以构建混合式教学模式，利用便捷的信息化资源，采取线上线下相结合的方式逐步开展跨文化思辨学习。混合式教学有几点优势。第一，线上教学资源丰富，可选择适合学生水平的，符合学生兴趣的学习课程和资料，或者教师进行各种有用资源的整合，更有针对性地输入教学内容。第二，线上学习的时间比较灵活，学生可自行利用课外时间进行自主学习。第三，线下教学占用的课堂时间较少，只是集中进行思辨能力训练活动。在混合式教学模式下，不仅能够实现资源、时间的最优化配置，提高教学成效，而且能够很大程度上促进学生自主学习的发展，具备终身学习的能力。

三、基于跨文化思辨能力培养的混合式教学模式构建

大学英语教学中学生跨文化思辨能力的培养，是立足于更高英语能力和人才培养，与时俱进的教学目标，也是大学英语教学改革的新理念。利用信息化技术的先进优势，构建完善的混合式教学模式，这样才能结合线上线下各自的特点，提高教学的成效。

制定混合式教学模式下的教学目标。大学英语混合式教学模式下培养学生的跨文化思辨能力，第一步就是要改变以往对跨文化教学不够重视，目标不明确，投入时间和精力极少的现状，将跨文化思辨教学提到一个新的高度，重新确立清晰明确的跨文化思辨能力培养目标。在混合式教学中，可进一步将线上和线下部分的教学目标分别细化，线上部分以跨文化知识的输入为主，目标在于让学生了解西方文化与中国文化的英语知识，深刻理解其内涵并能消化吸收，流利表达。线下的教学主要在文化知识的了解基础上，进行归纳、综合、比较、评价等思辨能力的训练。通过中西方文化的比较和鉴赏，培养对于不同文化间差异的意识和理解。此外，根据不同文化主题设置更详细的教学目标，进行相应思辨能力训练，通过一个个小教学目标的实现，逐渐实现提升跨文化思辨能力的大目标。

采用线上慕课加线下翻转课堂的混合式模式。在混合式教学模式下，利用线上的慕课学习加线下的翻转课堂学习，将跨文化思辨教学内容尽可能多的输入和输出，从而培养学生的文化创造力和正确的文化价值观，具备跨文化思辨能力。

线上的慕课学习主要是选择合适的线上慕课课程，增加跨文化知识的学习。目前我国正在大力开展慕课建设，涌现了不少好的慕课平台，慕课课程资源也相当丰富。以中国大学慕课网为例，有关跨文化知识的课程就有好几门，如《文化差异与跨文化交际》《跨文化交流》《英语漫话中国文化》等。这些课程都是经过精心设计、策划和拍摄，系统性和

连贯性相当强，不失为进行跨文化教学输入的好材料。选择适合所教学生水平的，兴趣性强的课程，就能进行很好的输入活动。线上慕课的学习时间设定为学生课后的自主学习时间。这样做不仅能帮助学生培养自主学习的习惯，也能解决课堂时间太少，无法大量进行跨文化知识学习的局限性问题。

线下的教学主要是教师在慕课课程的基础上，开展线下的翻转课堂教学，对学生进行答疑，组织学生进行跨文化知识的课堂展示，评价等思辨活动。这一环节可以用较少的课堂时间，给予学生较多跨文化思辨输出的机会。如针对每一个文化主题，集中进行一次翻转课堂教学。教师要对所选慕课课程内容相当熟悉，以便能更好地为学生答疑。探究如何设置课堂展示的小组任务，以便有效地训练到学生的思辨能力。在学生完成任务的过程中，老师还应予以一定的启发和指导，多和学生沟通，帮助学生更好地完成思辨训练任务。学生需要在翻转课堂前对慕课课程中所学的跨文化知识进行更深层次的归纳、总结、对比、分析、鉴赏等，将所学知识内化，并形成自己的见解。通过自主探究、反思，小组合作学习，激发学生的跨文化学习兴趣，合作精神，培养思辨的习惯和技能。

（3）加入雨课堂，云班课等教学辅助平台和技术。除了线上的慕课平台作为教学知识点的输入，其他信息工具和技术也可以作为开展混合式教学的辅助手段，比如雨课堂和蓝墨云班课等。这些平台都具有类似的功能，可以同时面向所有学生和老师，进行师生之间的互动，开展头脑风暴、问答、练习、测试、问卷、投票等活动。教师可利用头脑风暴和问答活动进行跨文化知识点的讨论、答疑，让所有学生就某一文化主题发表自己的理解和分析。利用练习和测试活动检验学生对所学文化知识点的掌握程度。教师设定好答案，系统自动批改并评分，节省了老师的时间和精力，非常便捷。可利用问卷和投票活动作为学生课堂展示的评价工具之一，迅速收集学生对于展示小组的评价。总之，通过信息技术平台的辅助，使一些环节更易于操作，提高了教学的效率和学生课程的参与度，激发学生学习的积极性和主动性。

（4）设置多元的评价方式。有效的学习评价不仅可以检验学生学习的成果，而且可以促进学生学习的积极主动性，为教师教学的改进提供一定的依据。基于学生跨文化思辨能力培养的混合式学习模式，也需要注重采用优化的评价方式，即基于平时表现的形成性评价和期末考核的终结性评价相结合的方式。

形成性评价可从多方面去考量。信息辅助平台上的讨论及问答的参与程度，练习和小测试的成绩，小组课堂展示的水平，都可以作为教师评价的依据。教师可对学生学习的态度、积极性、学习成果进行一定的考量并给出相应的评价。同时，课堂展示环节学生之间的互评也是不可缺少的。这样做不仅能激励学生尽全力做好课堂展示，还能促使其他学生更认真积极地参与到评价过程，提升课堂展示环节的效果。期末考核的终结性评价，可以考虑在期末试卷中编制少量跨文化思辨能力考查的试题，如中西文化的对比分析题、思考论述题等，从总体上评价学生的跨文化思辨能力发展程度。

综上所述，该研究所探讨的大学英语混合式教学模式的核心，就是利用先进的线上慕课教学平台和信息技术，结合线下的翻转课堂，输入大量的跨文化知识，引导学生进行多样的思辨活动，从而培养学生的跨文化思辨能力。广大教师应该首先提升自身的跨文化教学能力，通过各种学习和培训，使自己胜任指导学生开展跨文化思辨学习，这样才能确保培养学生跨文化思辨能力的教学效果。

第八节　跨文化大学英语舞台式教学模式

当前的大学生英语教学中，传统的英语授课方式已经难以满足当前教育的发展。为了改变现状，许多大学实施了"舞台式"教学法，将舞台剧表演的方式贯穿于整个英语教学的学习与测试中，更好地激发了大学生学习英语的兴趣，整体上提升了大学英语教学水平，可以更好地培养出具有跨文化素质的优秀外语人才。

语言作为人类思维最重要的工具之一，不同的语言模式决定了不同的思维方式。同时，语言作为文化最重要的载体，它保存、传播、反映着文化。了解英美文化，对我们正确理解和使用英语大有裨益。外语教学的目的就是要培养出具有跨文化交际能力的多语种人才，但我国当前的大学生英语教学模式却无法真正提高学生的跨文化交际能力。为了进一步增强我国的大学英语教学效果，提升大学生学习英语的兴趣，并彻底改变当前大学生"聋子英语""哑巴英语"的现象，学者进行了相关探讨。通过实践得知，"舞台式"教学可以有效地提升我国培养跨文化交际人才的水平。

一、"舞台式"英语教学的教学理念

"舞台式"英语教学，指的是在大学英语教学中，英语教师将要传达给学生的重要内容基于情景剧的模式，利用抽象语言为大学生设置一定的情境，进而有效地引导大学生在学习环节中的情感，并设置相关空间当作英语语言教学的有效输出媒介，从而使语言教学集知识与技能于一体，并以舞台剧表演的方式有效地呈现教学理念。

"舞台式"英语教学设置的学科主要包括教育心理学、语言教学等学科，相关的理论依据设置主要包括建构主义、合作学习及交际教学三类。这种教学方式摒弃了教师"满堂灌"的教学模式，体现了将大学生作为主导的新教学理念，以外语语言学习、应用，以及跨文化交际为主要内容，以遵循语言教学客观规律为基本前提，是一种集多层次教学模式与措施于一体的教学手段。结合专业特色开展英语"舞台式"教学法，可以有效提升我国大学的英语教学质量。

二、"舞台式"教学法应用在大学教学中的必要性

语言文化双管齐下的需要。我国几乎所有的大学都强调对外语及外国文化的学习，并

肯定对国外文化的学习在英语教学中的重要性及必要性，但文化在我国目前的大学英语教学中，多是外语教学的一种陪衬，相关的教学内容呈现出单一性，教学方式呈现出滞后性，很难满足我国当前对于外语人才的急切需求。因此，我国的外语教学，要以文化作为大学英语教学的重要基础，实现我国大学教学中文化及语言的共同发展。相对来说，"舞台式"教学法就可以有效满足语言文化在课堂教学中可以双管齐下的需求，在"舞台式"教学法的实施过程中，注重语言与文化的共同发展，可有效提升我国大学教学的水平。

培养文化身份的需要。当前，我国大部分大学的英语教学仅侧重于语言的教学，较少关注对外国文化的讲解，教学很难获得预期的效果，且忽视了对大学生文化身份的培养。大学生身份的培养主要指基于大学生一定的知识素养，进行整合、分析及思考，并逐渐形成独特的文化意识，从而获得一种针对东西文化更为开放的接纳和吸收，并在东西文化差异性的基础上，以更为包容性的方式去提升自己的文化内涵。与传统授课模式相比，"舞台式"教学法以更为开放的形式，在比较外国文化与本国文化差异性的基础上，可更有效地培养我国大学生自身的文化身份。

培养跨文化思辨能力的需要。目前，我国大学英语教学仍是一种重复性、被动式的模仿，在文化与语言双重标准的引导下，陈旧的教学手段已无法满足我国外语人才的培养需求。因此，大学生文化身份的培养，不仅要明确自身的文化身份，更要培养大学生的思辨能力，提高大学生自身的评价与分析能力，增强对其批判思维及能力的培养。"舞台式"教学法在有效地呈现文化的基础上，可增强大学生对外国文化的鉴赏，提升其批判及分析的能力。

三、"舞台式"教学法在跨文化交际能力培养中存在的问题

舞台式教学难以开展，导致跨文化交际能力的培养成为口号。一直以来，我国的大学招生都没有设置英语的最低分数线，导致一所大学里学生的英语基础水平参差不齐，大学生的英语学习能力及水平整体较低。英语的舞台式教学模式是基于剧本、情境，以英语脱口演说的方式进行教学，由于许多同学对英语语法掌握不到位、口语训练不过关，使得舞台式教学在实施过程中遇到层层阻力，无法实现跨文化交际。英语"舞台式"教学的根本目的，是要帮助学生提升跨文化交际能力，开阔学生视野，提升文化素养，但由于大学生英语学习整体性的滞后，使得舞台式教学难以开展，基于舞台式教学的跨文化交际能力的培养就更难以得到有效落实，甚至仅沦为一句口号。

学生对舞台式教学法缺乏兴趣。许多大学生认为，大学英语教材过于陈旧，教学手段过于枯燥与程式化，大部分人对大学英语的学习都存在一种厌学情绪，毫无学习英语的动力，对于舞台式教学也很难提起兴趣，甚至有学生认为自己以后不会从事与外籍人士交流的工作，这种文化与口语的学习对自己不重要，对舞台式教学产生排斥情绪，教学难以收到预期的效果，甚至都无法完成基本的教学任务，跨文化交际能力的培养只能流于形式。

四、"舞台式"教学法培养跨文化交际能力的路径

"舞台式"英语教学模式可以有效提升学生学习外语的真正能力及自主学习水平。跨文化交际包括语言交际与非语言交际，其中"交际"与"语言"之间的关系密切。"舞台式"教学法培养学生的跨文化交际能力，首先应引导学生发现语言差异，理解东西方文化差异，进而掌握语言与非语言交际能力。

在剧本中发现中英语言差异。舞台式教学中，教师应引导学生在剧本中发现中英语言的差异。比如，在《百万英镑》中有台词"I will have a large glass of beer."此句中的"have"在英语中的本意为"有"，但在这句话中应该理解为喝啤酒的"喝"，"have"在英语的不同语境中可以有以下释义：（1）用于构成完成式，表示已经；（2）可以翻译为有、具有，拿、取得，从事，必须、不得不；（3）还可以表示吃饭的"吃"或喝水的"喝"等等。以此为例，教师可引导学生理解英语的一词多义，引出典型的例词"cousin"，其指汉语中的"堂兄弟姐妹或表兄弟姐妹"。另外，此句中的 will 表达将来的时态。引导学生认知英语中有严格的时态含义及变化，而汉语只有时态的隐含含义，但动词没有相应的变化。

此外，中英语言还存在因文化习惯造成的语用习惯的差异。比如，中国人以"龙"为英武神勇的象征，称自己为龙的传人。但是，在引导学生理解剧本时要告知学生，西方人认为"龙"是一种邪恶的动物，它在《圣经》中是"跟上帝作对的撒旦"，所以不要给西方人送"龙"的挂件或首饰，且西方人在日常的会话中也会避免使用此种意象，所以在日常的语言交流中要注重语用差异，以避免造成误会。

在角色扮演中理解东西方文化差异。英语"舞台式"教学的核心是角色扮演，两人讨论或小组讨论的形式也是其主要的教学形式。在课堂中，可为学生创设情境，引导学生表演小剧本，使学生直观地理解中英文化差异。如（1）打招呼：中国人见面会问"你吃了吗？"而英国人则习惯说"今天天气不错？"其实这两个问句并不是真正在问你是否吃过了饭或者今天天气怎么样，而只是人与人之间打招呼的一种方式。（2）收到礼物：英美人在收到礼物时会很直接地表现出自己对礼物的喜爱，并且当面打开礼物，赞赏礼物并且感谢对方；而中国人却是一再谦让，并很含蓄地收下礼物，且不会当面打开。（3）受到赞扬：西方人受到赞扬会表达"谢谢"来肯定对方的赞扬；而中国人多是要十分内敛地以"自贬"来回应对方的赞扬，这被我们认为是"谦虚"的美德。

通过对上述情境的表演可以让同学们认识到：中国自古以来是一个农业大国，以前经济不富裕，人们较关注温饱问题；而英国的海洋性气候导致一天之内天气变化多端，使人们较关注"天气"。在收到礼物和赞扬的时候，中国人的内秀、内敛与西方人的直接、外向又形成鲜明的对比。学生们可通过这些对比理解差异，使之后的跨文化交际更加自如流畅。

在观看视频中发现中英非语言文化差异。人与人之间的交往与交际除了使用语言外，还有些情形需要借助非语言来完成。时间观念、表情、眼神、手势、姿态、距离、气味等

等都可以归为非语言交际手段。在舞台式教学中，教师可通过多媒体给学生播放英美经典的视频片段。引导学生在观看这些视频时，观察西方人的举止并发现西方人非语言交际的特点，进而与我国的交际特点相比较，找出差异。

比如，西方人在排队时，人与人之间的距离会比较远，不像我们排队的时候人挨着人，因此，可以得知英美人较关注体距舒适度。同时，我们还会发现西方人的性格多外向、开朗，他们的肢体语言要比中国人丰富、夸张。

五、"舞台式"教学法在跨文化交际能力培养中的作用

首先，"舞台式"教学可提升学习动机，加强学生对国外文化的了解。教学中，教师借助多媒体播放图片和视频介绍西方文化，可使学生直观地观察到西方人的风景建筑、风俗习惯及衣食住行等方面的特点，然后在舞台剧的表演中加入自己的理解把它们展现出来。这样可使学生自然地体会西方文化，并且接受西方文化，以避免今后在跨文化交际中产生误会。比如，同英美人交流的时候要避免涉及"隐私"话题，否则对方会认为这是一种冒犯。

其次，"舞台式"教学可以提升大学生的综合能力。舞台式教学，可加强学生对于英语语言、语义、语境的理解，引导学生发掘英语文化现象及中英文化的相似或不同之处。课堂上，学生可在小组讨论中畅所欲言，讨论中英语言差异或自己在跨文化交际中的实例，在轻松愉快的过程中掌握英语的听说读写能力。

再次，基于舞台式教学，学生可通过对国外经典作品的鉴赏了解作品中包含的政治、地理、历史、文学等知识，进而提升每一位学生对国外文化的审美及鉴赏能力，提升跨文化交际水平。通过鉴赏文学作品，使得学生在表演舞台剧时会不自觉地模仿经典作品中的语言习惯和非语言习惯，进而将其潜移默化地融入自身的跨文化交际行为中，提升交际水平。

"舞台式"教学对学生跨文化交际能力的培养可促使学生辩证地思考文化差异，取其精华、去其糟粕。每一种文化都有其存在的价值和意义，教师应鼓励学生在学习英语时勿忘自己的文化。在文化多元化发展的世界中，我们应在多种文化和语言中找到平衡点或适合的角度，在发扬自己文化的基础上理解其他文化。

全球化时代，文化的全球化为我国大学英语教学的开展提供了更为广阔的发展空间，但也对此提出了更高的要求。当前，传统式的大学英语教学模式难以满足教育形势的发展，为了改变现状，许多大学开始实施"舞台式"教学法，将舞台剧表演的方式贯穿于整个英语教学的学习与测试中，以整体提升大学英语的教学水平，进而培养出具有跨文化素质的优秀外语人才。将"舞台式"教学法应用于我国大学英语的教学中，对于提高我国大学生的跨文化交际能力来说，有着极为重要的理论参考价值。

第五章　跨文化背景下英语翻译的基本内容

第一节　跨文化视域下的英语新闻翻译

随着全球化的不断深入，各国之间的文化交流越来越频繁，加之各种语言的差异性，翻译在跨文化交流中发挥着重要的作用。作为社会信息交流的一种重要方式，新闻报道字里行间反映着社会文化的新动向，因此，译者在翻译新闻英语时必须具备跨文化意识。应在全面了解新闻英语的词汇特点和句法特点的基础上，遵循正确的翻译原则，提升英语新闻的翻译水准。

作为文化重要载体之一的语言，其表达的方式和内容都表现出特有的文化内容，不同民族在语言表达方式上有其独特的民族特点。因此，作为一种跨文化交际活动，翻译就如同桥梁一般在各国、各民族之间的文化交流沟通中发挥着重要的纽带作用。在跨文化交际中，翻译人员如果不能充分地认识和了解两国的文化差异，翻译工作将困难重重。可以说，译者对于两种文化的熟悉程度直接关系着翻译的质量。因此，翻译人员在翻译过程中一定要有良好的跨文化意识，才能跨越两种文化之间的鸿沟，真正实现跨文化的交流。就英语新闻翻译而言，翻译人员除了要掌握新闻英语的特点和翻译原则外，更要具备良好的跨文化意识，熟悉两种语言背后隐藏的文化，才能尽可能全面准确地再现原文的思想内容，实现英语新闻的精准翻译。

一、新闻英语的特点

（一）新闻英语的词汇特点

词汇是英语新闻中最基本的构成单位，与其他英语作品用词不同，新闻英语的用词有着自身的特点。

1. 使用新鲜词汇或常用词汇赋予新的含义

为了突出英语新闻的时效性和简洁性，增加英语新闻的生动性和趣味性，英语新闻中常常会使用某些特定领域的专业词汇和外来词汇等新鲜词汇。此外，英语新闻中的很多常用词汇在长期频繁使用后渐渐具备了新的意义，这些新的含义往往与某些特定的新闻事件有关，带有特定的新闻色彩和丰富的文化内涵，能更好地吸引读者。

2. 选用短小的词汇

由于篇幅有限，新闻英语（尤其是英语标题）喜欢选用意义广泛的简短小词来替代音节较多的词，如用 aid 来替代 assist；用 cop 替代 policeman 等，这些精悍小词既节省了版面又能简洁有力地表达新闻的内容，使读者快速地抓住新闻大意。在将这些词汇翻译成汉语时，应首先根据文章的具体意境将其还原成对应的英语长词，再翻译成恰当的汉语词汇。

3. 运用比喻词和流行词

虽然新闻写作具有写实性和严谨性的特点，新闻英语常常会巧妙灵活地运用一些比喻词和时髦词汇，来增强新闻报道的生动性和趣味性，从而大大地提升读者的阅读兴趣和英语新闻的宣传效果。例如，美国《时代周刊》上一篇题为 "Catching the Asian Flu" 的新闻用"亚洲流感"（Asian Flu）生动形象地反映了亚洲金融危机对美国股市的影响，幽默风趣，使人感受真切。又如英国《经济学家》里一则题为 "Free Fall" 的报道用"自由降落"（Free Fall）来比喻苏联经济的一落千丈和大滑坡，语言精练生动[1]。

4. 创新的词汇频繁出现

语言是时代发展的产物，时代的发展带来语言的不断变换，因此新闻英语中会有很多与时俱进的新词汇（包括新造词汇和词义翻新的旧词），其中很多都是网络用语。这些新造词汇生动新颖，时代气息浓烈，表达效果佳，深受读者的喜爱，能极大地激发读者的阅读兴趣。比如，"Taikonaut"（太空人）是一个以汉语拼音为基础的新造英文词汇，频繁地出现在西方媒体关于中国"神七"的英文新闻报道中，专指"中国的航天员"，体现了中国的科技在世界的影响力。

5. 常用缩略语

新闻英语中所使用的缩略语通常是由几个重要英文单词的首字母组合而成，例如 "WTO"（World Trade Organization）等，这些缩略语能体现新闻英语简明扼要的特性，能在有限的版面里表达更多的内容。

（二）新闻英语的句法特点

除了独特的词汇特点外，新闻英语在句法方面也表现出一定的特点，主要体现在以下方面：

1. 时态方面

新闻英语中所使用的时态比较灵活，但是常用的时态多为现在时，尤其是新闻标题中时态的使用，如：A Ground War Begins，这样能更好地体现新闻报道的时效性和现实感，使读者在阅读新闻的过程中感受到新闻事件的真实性。

2. 句式方面

由于报刊的版面十分有限和珍贵，新闻英语在句式方面的一个重要特征就是擅长采用

---

① 杨雪. 浅谈英语教学中应用语言学的有效应用 [J]. 教育现代化，2018，5（11）：185–186.

简单句和省略句，如通过使用分词短语和省略介词、冠词等手段来精炼语言，这不仅能将尽可能多的新闻内容浓缩到有限的篇幅之中，还能提高读者的注意力。此外，新闻英语的另一重要句式特征是主动句式占主体，因为主动句式能够使新闻阅读者有身临其境的感觉，能够增强新闻的感染力和真实性。

二、新闻英语翻译中的跨文化意识

随着全球化和信息化的不断深入，我国与外界的交流越来越频繁，人们越来越渴望及时得到有关世界各地的信息。英语在全球的通用性使得英语新闻成了人们了解世界的一个最为便捷的途径。但是，很多人由于英语水平有限，无法读懂英语新闻，因此有必要对英语新闻进行翻译，使之能更广泛地传播给各个层次的受众。由于新闻报道涉及社会生活的方方面面，包含着大量的社会、政治、历史等文化背景，反映着社会文化的最新动向，因此，对英语新闻的翻译其实也是一种跨文化传播行为，译者在翻译新闻英语时必须具备跨文化意识。所谓跨文化意识，就是译者在进行两种语言的转换时所持有的思维方式以及对于不同语言背后的文化因素的敏锐判断力。这种意识的建立能帮助译者对新闻的表达用词保持高度的敏感、准确把握新闻语言背后所隐藏的文化信息，在实现文字转换的同时跨越文化差异的障碍，使目的语在符合语言规则的基础上，尽可能全面准确地表达原文的思想内容，做到英语新闻的精准翻译。可以说，跨文化意识是译者必须具备的重要翻译技能之一，是译者更好更精准地进行英语新闻翻译的前提。

三、英语新闻中的文化因素及翻译原则

由于新闻报道是文化传播的重要途径，蕴含着丰富的社会文化信息，译者在进行英语新闻翻译时特别要注意识别和理解新闻语言背后所蕴藏的文化内涵，然后在具体的翻译理论和原则的指导下，运用恰当的方法对英语新闻进行精准的翻译。

（一）英语新闻中句子的翻译

中西方文化的不同，造就了中西方不同的思维方式，这种思维方式的不同也体现在英汉两种语言在词汇和用法上的天壤之别：英语具有抽象分析的特点，而汉语具有直观综合的特点。加之新闻的时效性，记者须在较短时间内交稿，往往没过多时间对新闻稿进行加工润色，因此英语新闻句子往往很长、结构较松散，一句话常常包含很多插入语。因此，在将这些新闻里的英语句子翻译成中文时，译者要考虑到中西方不同思维模式下的英汉语言特点，理清英语句子中各成分之间的意义层次和逻辑关系，然后结合中文的思维模式和表达习惯，合理调整句式和转换词性，避免生硬拗口的西式直译，最大限度地避免译文读者在阅读中产生理解的障碍或偏差。

（二）新闻英语中典故的翻译

为了使新闻报道更加形象生动、增加读者的阅读兴趣，记者总是巧妙地将读者所熟悉的典故融合在新闻报道中。这些典故主要源于神话传说、经典名篇和历史故事，因此典故与文化密切相连。随着中西方文化交流的深入，中国对西方的典故也有所了解，译者需要根据读者对典故的熟悉程度来处理英语新闻中的典故。如果读者对典故很熟悉，可以采用异化的翻译方法，即将某种语言和文化中的信息尽可能地以其原来的形式转换成另一种语言的翻译方法；如果读者不熟悉这些典故，则最好采用归化的翻译方法，以免读者产生理解上的障碍。例如：英语新闻报道中常引用"as word of Damocles"形容临近的危急情况，由于中国读者比较熟悉这个典故，最好将之异化翻译为"达摩克利斯剑"，以便两种文化之间更好地交流与渗透。

（三）新闻英语中习语的翻译

英语习语，类似于中文中的成语，形式简洁而意义精辟，是西方人们在生活中长期使用而逐渐固定下来的语言结构，蕴含着丰富的民族特色和文化信息。为了使新闻报道的可读性更强，记者常常会使用贴近读者生活的习语表达。因此，在翻译新闻中的习语时，尤其是对于那些有着特定内涵的习语，译者切不可按照字面意思直白地翻译，而要在理解习语深层意思的基础上再选择贴切的中文词汇来翻译，即应该多采用意译的方法处理习语的翻译。例如：英语习语"rain cats and dogs"的意思绝不是"下猫下狗"能够表达的。

（四）新闻英语中历史事件与人物的翻译

历史事件和人物是一个民族重要的文化组成部分，它们经常出现在英语新闻报道中，表达着超出历史事件或人物本身的深层次含义。对于这类历史词汇的翻译，译者一定要对相关人物和事件背景进行充分的了解，否则翻译出来的内容将词不达意，正如周学艺先生所言，"要读二战的文章，就不得不了解美国的艾森豪威尔、英国的蒙哥马利元帅和法国的戴高乐等将军的经历"。例如，自尼克松水门事件（water gate scandal）之后，新闻英语中不断出现带"gate"后缀的词来指某一丑闻，例如 Camilla gate，Squidgy gate，Korea gate，Debate gate 等。在翻译该类词语时，译者应在直译的基础上补充必要的背景信息，以便帮助读者更好地理解译文。

语言与文化密不可分，各个民族的语言都带有本民族文化的印记，因此翻译必然会受到原语和译入语文化的限制，新闻翻译实质上是一种跨越语言和文化的信息交流行为。在翻译英语新闻时，译者除了要掌握两种语言的行文习惯，还要研究语言后面的文化内涵，提高文化敏感度，培养跨文化意识，然后运用合适的翻译方法处理文化差异，尽可能全面准确地把原文的思想内容和文化信息传递给读者，实现英语新闻的精准翻译。

第二节　跨文化视域下的旅游英语翻译

受中西方文化差异影响，在旅游景点翻译中，翻译人员具备跨文化意识至关重要。唯有如此，翻译人员方可基于外国游客需求导向，科学合理运用翻译技巧策略，以实现对各式各样文化信息的准确传达阐释。文章通过阐述不同文化对旅游景点英语翻译的影响，分析跨文化背景下旅游景点英语翻译中存在的主要问题，对基于跨文化意识的旅游景点英语翻译策略展开探讨，旨在为如何促进跨文化背景下旅游景点英语翻译的有序开展研究适用提供一些思路。

跨文化，指的是对于与自身民族文化存在差异或者冲突的文化现象、风俗等具备有效正确的认识，并基于此以包容的原则进行接收、适应。在全体一体化发展不断深入背景下，国家与国家相互间交流活动变得越来越频繁，社会进步、科技发展推动了跨文化交流的飞速发展。与此同时，跨文化的交际旅游英语，也实现了长足发展。旅游英语不单单对不同语言工具予以转化，同时还是各国文化交流的重要方式。依托准确的旅游景点英语翻译，可使中国文化走向全世界，提高中国在国际社会上的影响力。由此可见，对旅游景点英语翻译中的跨文化意识开展研究，有着十分重要的现实意义。

一、不同文化对旅游景点英语翻译的影响

在旅游景点英语翻译中，不同文化对旅游景点英语翻译有着不尽相同的影响。究其原因主要是，不同国家、民族相互间有着各不相同的文化，进而使得他们对事物的理解存在或多或少的差异。各个国家、民族在长期发展进程中，均会形成特有的历史背景、文化背景。就好比，我国历史文化源远流长，不仅有着浓厚的地域文化及民俗风情，各个民族在不同历史文化熏陶下，还衍生出了独特的民族特色。所以，不同国家、地区在不同历史文化、人文风情等差异的影响下，会对旅游景点英语翻译带来很大影响，要求翻译人员在翻译原语特色文化过程中，要确保翻译后的词语，依旧具备原语的文化特征。

二、跨文化背景下旅游景点英语翻译中存在的主要问题

（一）缺乏统一的对象

一方面，我国土地广袤，有着大量的风景名胜古迹。然而在对大量旅游景点翻译过程中，却未能形成全面统一的认识，由此使得出现各式各样的翻译版本，极易使受众产生诸多疑惑。例如，对于著名旅游景点"衡山"的翻译，有的翻译成"Heng Mountain"，有的翻译成"Heng Shan Mountain"等。不管是哪一种翻译版本，放置于相应语言环境中，均可正常使用，而

不存在对错的问题。然而，衡山作为一个享誉世界的旅游风景区，在对外宣传过程中，却未能形成统一认识。另一方面，不论是哪个旅游景区均有着自身较为固定的游客群体，然而在跨文化背景下的旅游景点英语翻译中，却缺乏对目标游客群体的针对性服务，由此使得游客游览体验下降，使得客源不断流失。

（二）翻译失误或者错误

在我国旅游景区中经常会出现各种英语翻译错误现象，造成外国游客的理解误会，这样不利于我国景区建设的稳定持续发展。就比如，旅游景区工作人员在景区内设置的"请勿攀爬"等标牌提示语，正确的英语翻译应该是"Don't climb please"，然而实际情况是景区负责翻译的工作人员直接将其翻译成"Don't climbing please"，这明显是一种翻译语法措施，体现出了我国景区翻译人员对基础性翻译内容的不够重视。此外，由于翻译人员自身的失误，在翻译单词拼写过程中还会出现某个字母错误的现象，影响到海外游客的正常理解其含义。造成景区翻译失误和错误问题的根本原因还是翻译工作人员自身水平和素质偏低，对待工作责任心不够高。针对此，相关部门必须加强景区英文翻译内容的监督管理工作，安排专业人士负责管理景区英语翻译，不断提高旅游景点英语翻译水平，有效避免英语翻译错误现象的发生。

（三）缺乏对历史文化内涵的充分认识

我国旅游景点介绍涉及悠久的历史背景文化知识，如果英语翻译人员缺乏充足的景区历史文化积淀，对景点背景文化知识了解不深，将会导致跨文化翻译错误问题的出现。就比如，翻译人员在对我国著名景区名称"黄帝陵"进行翻译时，如果直接采取直译的方式，将其翻译成"The tomb of Huang di, first Chinese emperor"，这明显是一个翻译错误，体现出翻译人员对黄帝陵历史文化的认识不足。在我国历史中"帝"这个称谓是在秦朝统治者嬴政那个时期发明提出来的，早于秦朝时期的国家统治者通常被称为"王"或者"首领"[①]。因此，在对"黄帝陵"景区名称进行翻译时，翻译人员应该将其翻译成"chief"。翻译人员在对一些历史遗迹类景点展开英文翻译作业时，首先要认真做好历史背景文化的功课，充分掌握了解到与景点相关的历史文化，这样才能够保障翻译结果的准确性，避免海外游客对译语产生误会。

三、基于跨文化意识的旅游景点英语翻译策略

（一）强化目标读者的针对性引导

对于旅游景区来说，不同景点都会有着相对稳定的旅游客群体。景区英文翻译工作人员要根据不同游客群体的语言表达习惯、背景文化合理制定与之对应的翻译文本，这样有

---

① 蒲显伟，陆雷娜. 国际应用语言学期刊效应值报告与解释现状研究 [J]. 统计与信息论坛，2016，31（05）：77-83.

利于提高游客对我国本土文化的认识理解水平，促使游客景区游览过程的舒适性和方便性，推动我国旅游产业更好地发展。在旅游景点翻译过程中，翻译人员要自觉培养自身的跨文化意识，提高对不同景点的实际翻译水平。就比如，在对我国名山南岳衡山进行英文翻译介绍时，翻译人员需要结合有着悠久历史渊源的东南亚华裔游客展开有针对性的文本翻译，要充分凸显出衡山寿文化与东南亚地区广泛流行的中国传统文化，最大限度提高该景点固定游客在游览过程所能够拥有的归属感和价值感，这样才能够发挥出我国景区旅游的价值，吸引到更多的海外游客，创造出更多的社会经济效益。

（二）增强翻译用语的适用性、准确性

相关翻译研究人员指出，翻译工作人员在翻译中最高的境界就是促使翻译读起来不像是翻译，不具备明显的翻译味道，也不会出现社会翻译家常用的英语语句。因此，我国英文翻译人员要通过提高自身母语学习研究水平，通过合理运用地道漂亮的汉语进行英语原文的翻译工作，充分向海外游客传达出来自异文化的魅力声音。根据我国传统文化的翻译标准，英语翻译人员在翻译过程不仅要提高翻译用语的准确性，还必须增强其实用性。旅游景点英文翻译人员要科学选择最为合适的翻译词汇和方法，向游客全面准确展示出景点的相关表达内容，翻译用语要注重海外游客理解的接受程度，要将我国语言背景文化与对方文化有效结合在一起。在我国旅游景区中，存在很多景点命名都是根据其实际地理位置、历史典故以及著名历史人物进行命名的。针对此，我国英文翻译人员在翻译时只能够采取音译方式，值得注意的是，如果景点名称中汉语"草堂""故居"等汉语词汇，那么翻译人员就必须结合外国文学特点展开翻译词汇的选择运用，不能只是盲目采用音译方式。

（三）推进对原语内在精神及风格的准确传达

在跨文化旅游景点英语翻译中，应当基于旅游文本目的导向，对旅游文本中的内容、信息尽量保留，如此方可达到传播旅游文化的目的。与此同时，应当科学合理运用跨文化翻译策略，尽量保留原语中所具备的内涵特征，确保在翻译文本过程中彰显出更为深厚的地方文化，使游客可心领神会，特别在宣传历史人物、人文古迹过程中，应当注重传达原语中历史人物、人文古迹所具备的精神气节、艺术韵味等。

就好比，将一些旅游景点的祝寿词"寿比南山"翻译成"As Old as Methuselah"，虽然汉英两种语言的成语形成存在差异，然而寓意是一致的，可形成相接近的效果。不管是汉译英，还是英译汉，翻译人员均应当自本土、他国文化层面出发，开展合理的转换，使对方不仅能读得懂，更能够充分接收到原文所表达的含义。

海外游客到中国进行旅游，除了想要领略我国景区的美丽景色，还更想了解到我国一些景点的历史背景文化。就比如，在我国东湖生态旅游景区中存在着这样一段英文翻译内容，汉语内容是：听涛景区以浩瀚的湖泊风光、以源远流长的屈原文化为特色。英文翻译人员将其翻译成了"Ting tao Scenic Area is famous for its vast lake scenery and along history of Qu Yuan culture"，这样的翻译虽然符合了英文语言旅游文本的表达习惯，但是却缺少对该景点中著名历史人物屈原有关文化内容的介绍，不利于游客对景点文化的深入了解。因此，翻译人员可以将其改成"Ting tao Scenic Spot features Qu Yuan（a patriotic poet and senior official in the state of Chu in the Warring States Period）Culture and vast lake scenery"。

综上所述，提高旅游英语翻译整体水平，对推进我国旅游业发展及提高国际交流可发挥十分重要的推动作用。而在旅游景点英语翻译中，应用跨文化意识对推动国际交流及文化传播起到了至关重要的作用。

第三节　跨文化视域下的武术英语翻译

翻译是不同语言的民族进行文化思想交际的一种手段。武术的翻译是使传统武术走向其他国家，显示中华武术特色、民族文化的一种手段。英语作为跨文化交际中使用最广泛的语言，武术英语翻译受到越来越多的关注和研究。文章试图从跨文化交际的视角探讨武术英语翻译的原则和策略。

武术是具有中国特色的传统运动项目，有独特的东方哲学思想、民族文化，是历代武术家斗争经验、练武经验、生活经验、养生经验的结晶。它使用精辟的语言指导习武者做人、行事、养生、练功、传艺、格斗，因此对武术爱好者和工作者具有重要意义。武术翻译通常趋向"信、达、雅"的标准。另外，除重视武术原意表达和民族文化特色外，还要注意跨文化交际中的传播的易懂性和得体性。

一、武术英语翻译的历史回顾

武术的翻译始于两千多年前。大概经历了萌芽阶段、成长阶段、全面发展阶段这三个阶段。早期，因为交通限制，翻译主要在亚洲进行，汉朝，中国武术已经被介绍到了日本和西域的各个国家。随着西方传教士的到来，武术的翻译逐步展开，一些国外习武者对中国武术产生了浓厚的兴趣，这个阶段属于萌芽阶段。直到1693年《基本中国拳法》出现，这是武术翻译史上现存可考的第一本英文著作。这是一本在美国正式出版发行的专门介绍中国拳法的著作，它的出版标志着中国武术的英语翻译开始由单一的口译进入以口译为主，口头和书面相结合的成长阶段。从1979年起武术翻译进入一个新的历史高潮。这个阶段，笔译内容丰富，包含武术各个方面，翻译作品数量增长迅速，质量提高显著，内涵更加深刻。还突出对武术文化内涵和历史的介绍，使读者可以了解中国武术和体会中国文化。武术在海外的影响，客观上是由武术翻译的兴盛带来的。

二、武术英语翻译在跨文化交际中的现状

跨文化交际是指具有不同的文化背景的人通过语言、信号、文字形式进行的思想、信息交流。我国现有的武术翻译注重对竞技部分和简单术语的翻译，外国读者对其原意和其文化内涵不能深刻理解。一方面因为中国武术理论不但建立在古代哲学基础上，而且它还融合了兵、道、儒、墨、医等流派的思想，很多哲学术语进入武术范畴中，例如：阴阳、四象、两仪、元气、五行、互根等。这类术语一般在英语中难以找到相对应词语。另一方面，中、西方存在明显的文化差异。译者如果忽略了传统文化深刻内涵，过分地采用直译，加上武术的技术动作和喻义都会给武术英语的翻译带来较大的难度[①]。传统武术的部分动作比如八卦掌中的猿猴登枝等名称会让译文读者对动作产生迷惑，影响到了译文效果。本研究根据跨文化交际中出现的问题，试图探讨跨文化交际中武术英语翻译的原则与策略。

三、跨文化交际中武术英语翻译的原则与策略

（一）跨文化交际中的翻译原则

1. 系统性原则

文化的系统性是指一种文化就是一个自成体系的系统。一个文化系统由物质文化、制度文化、心理文化三个层次组成。这个三个层次之间是相互联系、相互作用的关系，它们共同构成了一个完整的文化统一体。文化是由各种各样的要素组成的一个统一整体，而构成文化的各要素之间紧密联系又彼此作用。武术文化分为器物文化层、制度文化层和精神文化层。器物文化主要包括武术服装、技术体系、器材等；制度文化主要包括武术技术等级制、组织和管理体制、武术段位制等；精神文化主要包括武术的观念、思想、价值观等。武术文化与文化体系在一定程度上是相互对应的，武术也蕴含着丰富的文化，所以跨文化交际中武术翻译要遵从文化的系统性原则，这样才可以真正传播武术的内涵。

2. 民族化原则

中华武术是以中华民族文化为理论基础，以攻防技击为主要特征的中国民族文化，对运动技理有独特的思维层次的认识。传统武术的文化层面涉及天文、地理、军事、医学、哲学、生理、易学等各个领域，对于这些相关文化的理解程度会直接影响武术翻译的质量。因此，武术翻译一定要体现和保留武术蕴含的民族文化内涵和语言风格。传统武术动作名称和传统武术理论当中，随处可见蕴含有文化信息的内容，要想把它们翻译得很贴切，确实不容易。武术理论中特有的一些术语在英语中也很难找到对应词。比如"文有太极安天下，武有八卦定乾坤""阴阳互根""武术"等，这部分术语具有典型的中国民族特色，无论选择直译还是意译，都无法准确再现其原文内涵。所以这部分特有的概念最好采用音译，应该译为"taiji""bagua""yinyang""wushu"等。

---

① 杜春雷. 实用商务英语函电 [M]. 南京：东南大学出版社，2014.

3. 平衡性原则

平衡性原则是指译者在翻译武术著作的过程中，尽力做到平衡输入语与目的语信息。对译者来说，其首要任务就是平衡信息的输入与输出，既要保证信息输入的准确与充分，又要考虑信息输出的可被接受的程度，防止过量输入或是输出不足。随着跨文化交际的不断渗入，读者的接受能力也不断提升，具备了理解一定异域文化的条件。同时，我们也必须看到民族化的翻译思路并不代表全盘中化，要清楚翻译的最终目的还是交际。平衡原则的提出，是源于武术翻译过程中民族化与国际化的讨论。事实证明，无论是从读者接受程度，还是从翻译目的来看，要使中国文化在西方文明中占有一席之地，就必须保持民族特色。武术翻译的目的是弘扬中华武术以及哲学思想，如果舍本逐末，翻译就会失去其原有的意义，造成重要信息缺失，而且，当今世界的读者也期待着异质的文化。武术的自身特点决定翻译过程存在着实际困难。武术术名不统一、术语自身的不规范的现象给跨文化交际带来了一定障碍；武术中浓厚的民族特色也在一定程度上妨碍了世界人民的理解。因此，译者也需要适当借用西方竞技用语，降低武术翻译的理解难度。比如，一些译者在翻译太极拳术语时会借用西方拳击比赛中的用语，这也不失为一种平衡方式。但译者应把握适度的原则，"平衡"是动态的概念，随着中西方文化的进一步融合，平衡标准也改变；随着武术文化广为人知，民族性也逐渐凸显。

（二）跨文化交际中的翻译策略

1. 基于系统性原则的归类翻译法

从系统性原则可以得知，武术文化与特定的文化体系是相互对应的，武术中也蕴含着丰富的文化，中国武术目前历史清楚，脉络有序，风格独特，自成体系。根据地域分有少林、武当、峨眉、南拳四大门派，内部又有许多支派，各支派中某一套路有其显著特色，因此武术英语翻译遵循各门派的体系和特点，应该基于系统性原则进行归类翻译。各门派的专业术语要有其系统性和一致性，以便忠实于原文。例如《武当武术词语英语翻译》《杨家太极拳秘诀》《中医气功学翻译》等。

2. 基于民族性的音译法

尽管文化的共同性决定了某些文化能够为全人类所有，但是文化首先是民族的，其次才是人类的。实际上，就文化的产生与存在而言，文化原本都是民族的。民族是一种社会共同体，因此越是古老的社会，文化所具有的民族性就越鲜明。武术文化就是由各民族文化共同来构成的，从不同的民族的角度出发来分析武术文化，自然就具有民族性。

因为武术文化中有很大一部分是表示武术特有的事物，具有浓厚的民族文化色彩，在英语中很难找到与其相对应的词语。而在跨文化交际中，音译附带动作演示和图片影像等肢体语言，使对方可以进行直观有效的交流。比如：太极：taiji，功夫：kung fu，气功 qi gong，阴阳：yin yang 等。另外还有一部分武术术语在英语中已经有了译名，而且也已经被外国人接受，就应该按照约定俗成的原则，继续用原有的固定译名。

3. 基于平衡性的多元法

（1）直译法。文化是全人类所共同创造的，又为全人类所享有、继承，因而文化具有人类共同性。武术被誉为中国的国粹，发展至今已成为一项世界性的体育运动。武术文化基于共同性的直接翻译法在全世界范围内得到逐渐推广和普及。

直接翻译是在保留原文基本形式、形象、民族、地域特色的前提下，将原文按照文字的字面意思直接翻译出。这种翻译方法不仅需要译者准确理解原文意思，还要有较深的文学功底，有一定数量英文体育肢体术语的掌握且熟练运用，同时要注意在表达清楚意思的前提下尽可能翻译出特色来。

比如：流星锤 meteoric hammer；燕子入林 swallow flying into woods；白蛇伏草 white snake；起势 Starting Posture；白鹤亮翅 White Crane Spreads its Wings。

（2）意译法。中国武术是最富有民族文化特色的体育项目。由于中国武术蕴含着深刻的哲理思想，具有修身养性的功效，因此，它在世界上很多国家有着广泛的影响。但是这种哲理性也要求武术文化翻译时指抓住内容和喻义重要的方面，牺牲形象，结合前后比较灵活地传达原意，即采用意译法。其特点是寓意较深而且隐含于较浅白的字面下。比如：马步 horse-ride step；绝招 kill shot；生死斗 death duel；扫堂腿 ground sweeping。一般来说，有些习语的汉译英较为简单，不会发生保持习语的民族或者地方色彩的问题。因为两种语言中有些同义习惯用语无论在内容、形式和色彩上都相符合，它们不但有相同的意思或隐义，而且有相同的极相似的形象或者比喻。因此我们可以大胆借用英语中的同义习语来表达。又例如："花拳绣腿"这就不能从字面直接翻译出原意，而要突出原文的寓意。我们可以译成"showy but not practical martial arts，any showy but not practical skill"。这种翻译的方法要求译者通过自己的语言表达原文的隐含的意义，使读者在阅读过程中受到启迪和教育。

（3）解释性翻译法。不同的时代有着不同的文化，这是因为任何文化都是在历史发展演变的过程中产生的。也就是说，不同时代产生的自然文化、人文文化和科学文化构成人类文化的生态结构。武术文化的时代性就在于它动态地反映了武术价值观念的变化过程。然而由于时代的发展和历史的变迁，有些武术文化到今天有了新的变化，可能会让国外武术爱好者产生误解，因此采用解释性翻译，它是翻译时根据实际情况，补充一些背景、内容或者进一步解释其确切的含义，使那些不太了解中国文化的人更加准确地理解武术文化。比如：Taijiquan（太极拳）-Taiji quan is a soft，slow and light exercise which features continuous，circular and fluent.Different styles of Taiji quan stress various aspects.Baihe Liangchi（白鹤亮翅）-a white crane spreads its wings.Louxi Aobu（搂膝拗步）-brush knees and twist the steps on both sides. 可见，合理的翻译不是词句转换的"对号入座"，而是沟通思想的"搭桥人"。

本研究从跨文化交际中武术英语翻译的视角入手，首先回顾武术英语翻译的历史，又了解了当前跨文化交际中的现存状态和问题，继而提出了跨文化交际中武术英语翻译的原则与策略，为推动中国传统武术文化走向世界给出了个人的一些思路和几点建议。

第四节　跨文化视域下的文学作品英语翻译

文学作品英语翻译是一种将汉语文化转化为英语文化的跨文化交际活动，在这种翻译活动中不可避免地会因中西方文化差异，影响文学作品英语翻译的质量及效果。所以在文学作品英语翻译中应当树立跨文化翻译意识，从跨文化交际视角化解语言文化差异，以意义补偿的方式化解民族文化差异。

文学翻译是文化信息在两种语言形式之间的转换，但这种语言转换并不是简单的语言表达方式转换，还涉及不同民族之间的文化差异问题，如果仅仅将文学翻译视为不同语言表达方式的转换，就会产生文化缺省、文化误译等问题，从而影响文学作品翻译的质量及效果。所以在文学作品英语翻译中，应当充分了解中西方文化差异，树立跨文化翻译意识，以恰当的翻译策略化解汉语和西方的文化差异问题。《红楼梦》是中国文学史上的巅峰之作，也是中国经典文学的代表作，本节仅以《红楼梦》为例考察文学作品英语翻译中的跨文化意识问题，探索文学作品英语翻译的有效策略及方法路径。

一、跨文化意识对文学作品英语翻译的意义

跨文化意识是指人们对与本民族文化有冲突的文化现象的态度、认识、看法以及对这种文化差异的接受、包容和适应状况。文学作品英语翻译是一种将汉语文化转化为西方文化的跨文化交际活动，在这种翻译活动中会不可避免地产生中西方文化差异问题，这就需要译者拥有鲜明的跨文化翻译意识，以恰当的方式解决文化差异问题。显然，跨文化意识是开展文学作品英语翻译的重要前提，对于提高文学作品英语翻译质量具有重要意义。

（一）跨文化意识是进行文学作品英语翻译的重要前提

语言是文化信息的载体和文化交流的工具，它不仅受到民族文化的影响和制约，同时也直接或间接地影响着民族文化的发展。通常情况下，不同的民族往往有着不同的民族心理、历史传统、宗教信仰、语言习惯等。文学作品是带有强烈民族文化色彩的艺术形式，能够很好地展现某个民族的历史传统、价值信仰、社会习俗、思维方式等。由于中西方文化在地理环境、社会制度、宗教信仰、语言习惯等方面差别较大，所以中西方文学作品在文化背景上往往有着较大差异，没有汉语文化背景的西方读者往往很难读懂《西游记》《围城》《红楼梦》等中国经典文学作品。文学翻译是将某种语言文化信息转化为另一种语言文化信息的跨文化交际活动，在跨文化翻译中不可避免地会出现文化差异问题，如果译者缺乏跨文化翻译意识，在翻译过程中就可能会产生文化误读现象。学者李红梅曾将文学作品中文化误译的原因总结为：文化差异所带来的词汇及语义缺省、源语和目的语的文化模

式差异较大、对源语文化产生了文化误解等几种形式，并指出了文化误译所带来的种种文学翻译问题。所以，在文学作品英语翻译中译者应当树立跨文化翻译意识，充分考虑文学作品中的中西方文化差异问题，采用合适的翻译策略进行跨文化翻译，以更好地提高文学作品英语翻译的质量。

（二）跨文化意识是提高文学作品英语翻译质量的保证

在社会交际活动中人们往往以自己的经验知识、思维方式、价值观念等进行信息交流和情感沟通，双方往往会有意或无意识地省略某些不言自明的或双方都认同的文化信息，以提高信息交流和思想沟通的效率。同样，在文学创作中作者往往会省略一些读者非常熟悉的社会常识和文化信息，如果作者省略的内容与特定的故事场景有关，那么这种省略就是"情境缺省"；如果作者省略的内容与文学作品的语篇信息有关，那么这种省略就是"语篇缺省"；如果作者省略的内容与本民族的价值观念、宗教信仰、社会习俗等文化背景有关，那么这种省略就是"文化缺省"。其中，文化缺省是文学翻译中非常普遍的文化现象，也是文学作品翻译中不得不重视的翻译问题。如果译者缺少必要的中西方文化背景和丰富的生活经验，就无法很好地化解文学翻译中的文化缺省问题。所以，译者应当拥有较强的跨文化翻译意识，才能准确把握文学作品中的背景知识缺失、文化意蕴不同等问题，并采用恰当的翻译策略弥补这种文化缺省问题。唯有如此，才能更好地提高文学作品英语翻译的质量及效果。

二、文学作品英语翻译中文化差异的表现形式

文学与政治、法律、宗教等一样，都是社会意识形态，所以文学作品往往与国家或民族的历史传统、社会习俗、宗教信仰等有着密切联系。同时，由于中国与西方国家在历史传统、社会制度、意识形态、语言表达习惯等方面存在较大差异，在文学作品英语翻译中会不可避免地产生文化差异、文化缺省等问题，这种文化差异多表现在社会习俗、价值观念、宗教信仰等方面。

（一）社会习俗及价值观念差异

中国和西方国家在社会习俗、价值观念、思维方式等方面存在较大差异，这些直接影响着中国文学作品的英语翻译。首先，中西方在时令节气、传统节日等方面存在较大差异。中国人的春节、清明节等传统节日往往带有浓重的民俗气息和生活色彩，而西方人的圣诞节、万圣节等往往带有浓重的宗教色彩[①]。此外，中西方在价值观念上有着较大差异，中国人认为是美好的事物，可在西方人眼中则有完全相反的意义。比如在西方文化中"dragon"（龙）是贪婪、自私、邪恶、残暴的怪兽，然而在中国传统文化中"龙"却是无所不能的、庇佑人类的神兽，也是威严、地位和权力的象征，从人中龙凤、鱼跃龙门、攀龙附凤、飞

---

① 章振邦. 新编英语语法教程 [M]. 上海：上海外语教育出版社，1998.

龙在天等成语中就可以看出中国人对龙的尊敬和崇拜。再如，中国人视梅兰竹菊为品行高洁的象征，而西方人则认为梅兰竹菊没有这些象征意义。这种社会习俗和价值观念的差异深刻影响着文学作品的英语翻译，如果译者缺乏跨文化意识，往往很难恰当地翻译出文学作品所表达的文化意蕴。

（二）语言表达及思维方式差异

中西方文化在语言表达方式上往往有着较大差异，汉语的句式较为紧凑，多用具象名词进行表达，多通过词汇关系表达语法关系；英语的句子较长，结构也较为松散，多以严谨的逻辑关系和抽象词汇进行表达。汉语和英语的这种表达方式差异直接影响着文学作品英语翻译。杨绛所译《红楼梦》就将"等满了孝，再圆房儿"译为"Once the mourning is over she can live with her husband"，这种委婉含蓄的翻译方式恰当地表达了"圆房"的文化意蕴。此外，汉语文化和西方文化在思维方式上也有较大差异。汉语文化更多地体现了整体性、感性、主观性的思维方式，西方文化更多地体现了个体性、理性、客观性的思维方式，这种思维方式差异也深刻影响着文学作品英语翻译。汉字多为符号组成的象形文字，英文多为字母和字母组合而成的字母文字，这种造字方式上的差异直接影响了汉语和英语的语言表达方式，汉语多依靠文字意义组织语言，而英语则依靠逻辑关系组织语言，这种语言表达方式的差异给文学作品英语翻译带来许多障碍。比如《红楼梦》中的"李嬷嬷怎不见……想有事才去了"，在翻译中就要加上被省略的主语，加上关联词"but""and"，这样才显得结构严谨、逻辑关系合理。

三、跨文化视域下文学作品英语翻译的方法策略

在不同民族文化和社会环境中成长的人往往有着不同的文化背景，对本民族成员而言，这些社会文化和生活常识往往是约定俗成、不言自明的；但是对其他民族成员而言，这些社会文化和生活常识则往往是陌生的、不知所云的。所以，从跨文化交际的视角看待文学作品英语翻译问题，用恰当的翻译策略解决作品中的中西方文化差异问题，才能更好地提高文学作品翻译的质量及效果。

（一）以形式补偿化解语言文化差异

中西方文化差异首先表现为语言表达方式、用词习惯等方面的差异，这种语言文化差异往往会影响译文读者的阅读体验。所以，可以通过对仗、押韵、词缀等方式进行文化补偿，以更好地解决文学作品英语翻译中的文化缺省问题。比如《红楼梦》中有许多诗歌、辞赋、谚语等，这些文学体裁多采用对仗、押韵、重复等语言表达方式，翻译为英语时就应当采用相应的文学表达方式，以更好地表达作品所承载的文学意蕴。

首先，可以用头韵法、韵脚法等方式解决汉语和英语的语言文化差异问题。在中国文学作品中诗歌多是偶句押韵，并且常常是一韵到底，然而英语文学作品中的诗歌押韵方式

却非常灵活，经常出现交错押韵、变换韵脚、隔行押韵等表达方式。在文学作品英语翻译时，应当采用转化押韵方式进行文化补偿，以更好地解决汉语和英语的表达方式差异。比如《红楼梦》中的诗歌"欲讯秋情众莫知……解语何妨片语时"，就可以用"i"为韵脚、一韵到底的方式对汉语诗歌的押韵进行补偿。此外，可以用词缀法、句型法等方式解决汉语和英语的语言文化差异问题。在文学作品英语翻译中，经常会出现对仗、反复、叠音等修辞手法，这时可以通过给英语单词添加后缀或前缀的方式进行翻译补偿。比如"情中情因情感妹妹，错里错以错劝哥哥"采用了非常鲜明的对仗，为了准确表达这种语言结构，可以用加后缀（Wordless、groundless）的方式对诗句中的对仗表达方式进行翻译补偿。再如，为了使英文翻译更加符合原文的对仗结构，可以将"情切切良宵花解语，意绵绵静日玉生香"中的"良宵""静日"译为"One Quiet Day"。

（二）以意义补偿化解民族文化差异

汉语文化和西方文化在社会制度、社会习俗、宗教信仰、意识形态等方面都有着较大差异，所以，在文学作品英语翻译中会不可避免地产生文化差异问题，这时就需要通过增译法、替代法、解释法等方式进行必要的意义补偿，以提高文学作品英语翻译的效果。

首先，增译法。当文学作品所蕴含的文化信息无法直接翻译出来时，译者应当通过增译法补充或还原作品的文化背景，使译文读者能够清晰理解译文的思想内容。比如《红楼梦》中"鸳鸯"不仅是一种小鸟，更是爱情的象征，这时候就需要用增译法进行翻译，将"鸳鸯"译为"love-birds"。再如《红楼梦》中"药经灵兔捣，人向广寒宫"就是以神话故事"嫦娥奔月"为文化背景的，但是对中国传统文化不熟悉的西方读者往往不知道嫦娥奔月的故事，这时就需要在译文进行必要的注解，添加"in an ancient legend……becoming the goddess of moon"的英文解释，这样才能使译文读者准确把握诗句的文化意蕴。《红楼梦》中经常出现"五台山"一词，这里的五台山并不是普通的山，还隐含了在五台山成仙成佛的意思，如果将"五台山"简单地翻译为"Mount Wutai"，显然不能准确表达原文的文化意蕴，这时可以在译文中添加注释"carry you as an immortal on his head to Mount Wutai"，这样就能很好地表达原文的宗教文化意蕴。

第二，替换法。虽然汉语文化和西方文化是两种不同的文化系统，但是它们在许多方面是相似的、共通的，可以在两种文化中找到相似的文化意象。所以，我们可以用文化意象替换的方式进行文学作品翻译，以更好地解决中西方文化差异问题。比如《红楼梦》中经常出现"骨牌"一词，它与西方文化中的骨牌在意义上非常接近，所以就可以将"骨牌"译为"domino"。再如《红楼梦》中有"飞燕泣残红"，这里"飞燕"指的是中国历史上能歌善舞的皇后赵飞燕，但是许多西方读者都不知道赵飞燕的历史典故，所以在翻译时可以将"飞燕"翻译成"Daiyu"，这样就可以较好地表达出这一词语的文化意蕴。在诗句"秦鲸卿夭逝黄泉路"中出现的词语"黄泉"，西方读者由于不了解中国的婚丧文化、宗教文化等，不理解黄泉的文化意蕴，这时就可以将之译为"dying"。《红楼梦》中有一个丫鬟"紫鹃"，紫鹃不仅是鸟儿的名字，也隐含了杜鹃啼血的意义，西方文化中紫鹃（Purple Cuckoo）带有愚笨、疯子等象征意义，这种情况下就应当将紫鹃翻译为"Ningtingale"。

文学作品往往与民族语言、民族文化有着密切联系，并带有鲜明的民族文化烙印。翻译家奈达明确提出，成功的文学翻译不仅要熟练掌握文学翻译技巧，还应当熟悉两种文化的文化差异、文化背景等。所以在文学作品英语翻译中应当树立跨文化意识，高度重视文学作品英语翻译中的文化缺省、文化差异等跨文化问题，采用恰当的策略进行文学翻译，以更好地提高文学作品英语翻译的质量。

第六章　英语教学中的跨文化交际能力培养

第一节　跨文化交际能力培养的认知体系

跨文化交际能力的认知层面包括目的文化知识，以及对自身价值观念的意识。对许多教师、学者来说，跨文化交际能力主要是指在目的文化情境中适宜地使用目的语的知识，调整自己的感知、理解和表达的习惯，用一种新的视角去看待世界，由此形成对世界的新的体验的能力。相对于跨文化外语教学来说，认知就意味着教学理念、教学目标、教学中看似矛盾的各种关系的处理以及教学原则等的确立。

一、树立正确的教学理念

外语教学中跨文化教育的开展首先应注重观念更新，认识提升。目前，跨文化教育的相关思想在我国外语界仍是比较前沿的理念，国家教育行政部门作为教育相关政策的制定机构，对跨文化教育的理解和解读将直接影响到我国跨文化教育开展的效果。由此，教育行政部门的专家和领导应该借鉴、比较欧美国家的跨文化经验，从战略高度审视跨文化教育所具有的时代意义，明确其目标和内涵，确定符合我国国情的跨文化教育目标、原则和方法，为外语教学提供依据，明确方向。

跨文化教学中，教师首先要更新自身的教育理念，要始终坚持"语言教学与文化教学有机结合"，从语言学习、语言意识、文化意识和文化经历相互联系的四方面同时入手，充分发挥母语文化在文化学习中的作用。其次，外语教师不能仅满足于做一个传授语言知识的"教书匠"，还应该努力成为一名"会通中西"的学者型教师。我国著名学者吴宓、钱钟书、叶公超等人之所以声名显赫、受人敬仰，不仅仅因为他们的外语水平高超，更重要的是，他们学贯中西，人格俊逸，文、史、哲无一不通，可谓传统意义上的大师级通才。除教师教学理念的更新，自身素质的提高外，外语教学中文化教学的理论框架作为重要的课题必须进一步明确，深入研究和探讨。

近年来，体验式英语教学作为一种全新的教学理念和教学模式越来越受到英语教学研究者的关注。体验式学习理论的完整提出，当数 20 世纪 80 年代美国人 David Kolb。Kolb 在总结了 John Dewey、Kurt Lewin 和 Piaget 经验学习模式的基础之上，提出自己的经验学习模式。1984 年，Kolb 发表了《体验式学习：作为知识与发展源泉的体验》一书，系统阐述了体验式学习过程。他认为经验学习过程是由四个适应性学习阶段构成的环形结构，包括具体经验、反思性观察、抽象概念化和主动实践，确立了著名的 Kolb 体验学习理论。在 Kolb 看来，"学习是体验的转换并创造知识的过程"，也就是说在学习过程中学习者把体验到的内容消化吸收，内化成为自身具备的知识并在实践中加以运用检验。Nunan 认为体验式学习理论的提出对教学产生了深远的影响，其中在教学理念上引发的变化，就是教学模式由原来的知识"传授式"转向了"体验式"。

基于体验式学习理论的体验式教学模式，要求教师根据教学内容有目的地创设生动逼真的教学情境，使学生在较为真实的环境中有效获得所学内容，使其理论知识、应用知识得以扩展，技能、技巧得以提高。通过直接接触学习内容，学生能够亲自实践和体验，在自由独立、情知合一的情境下，培养实践创新的能力。体验式教学模式的核心就是体验直接经验。

建构主义理论是体验式英语教学理论的发展基础。建构主义把学习看作一个建构的过程，该理论要求学习者在学习中积极主动，发挥主体作用。建构主义强调学习者的中心地位，教师在整个学习过程中应该是学生意义建构的协助者、促进者，而不是知识的提供者和灌输者。建构主义从教学方法看多种多样，各有不同，但教学环节中含有情境创设和协作学习却是其共性所在，学习者不是简单被动地接收信息，而是基于情境创设和协作，最终主动地实现自身对所学知识的意义建构。与以往以教师为主导的知识传授式教学模式相对比，体验式教学模式更加突出强调以学习者为中心，认为自主学习十分重要，它更贴近学习者"内化"的学习认知规律。真实语境的创设和模拟能够激发学生的学习积极性和参与体验的热情，使学生在真实语言的感受和体验中，发现语言的应用技巧和使用规则并应用于语言实践。这一理念反映了当代外语教学理论的新进展，既符合以往交际教学法的原则，又体现了"任务教学法"的特点。除此之外，体验式教学不受时空限制，多媒体、网络教学资源为体验式学习创造了更丰富的体验。利用多媒体和网络，体验式教学增加了学习过程中的趣味性，学生的感官和思维受到刺激和激发，使学生积极、主动，快乐学习、记忆语言文化知识。

文化不是一成不变的，不是一个静止的概念。文化是动态的，是随社会的变迁而变迁的。以往发生的事情会影响语言表达的含义，语言的意义也会对未来事件产生影响，未来的经历又会影响到具体的语言意义，这是一个周而复始的过程。在社会进步、发展的同时，世界各民族的思维方式、价值观念、生活方式、社会规范等各个方面也都在发生着重大变化。因此，外语教学过程中，教学的中心不应再是以教师为中心的知识的灌输，而应是以学生为主体，加强学生的文化学习体验，培养学生自主学习、积累文化知识的能力，注重培养学生文化敏感性，提高学生应对文化差异的主动性和自觉性。

因此，要确保跨文化教学的理论研究形成体系，以全新的教学理念、清晰的教学思路促进课堂内外的跨文化教学，在各个方面采取措施，加深教师对外语教学中跨文化教学的认知，使其更好地投入到跨文化教学。

二、明确合理的教学目标

教育部制定的《大学英语课程教学要求》明确了大学英语课程的教学目标是培养学生的英语综合应用能力。这一目标不同于以往重知识传授、轻知识运用，重知识点记忆、轻能力培养，重阅读、轻听说写的倾向，这一目标的确定将我国大学英语教学的标准提高到了一个新的境界，交际意识和文化能力逐步得到重视。

跨文化教学的目的在于培养学生具有用该社会认为得体的语言和方式进行交际的能力。学生必须了解目的语词语所包含的丰富的文化内涵，以便掌握语言的使用规则。经验表明，与结构规则相比较，语言的使用规则更为重要。仅靠正确的语音、语调、语法，并不能保证交际的有效进行。通过跨文化教学，学生不仅可以了解生活在目的语文化中的人们是如何观察世界，对待事物的，而且能够了解他们如何用语言来反映他们的社会思想、习惯和行为方式的，从而学会用其得体的语言和方式进行交际。

除了对目的语的应用能力外，异域文化的敏感性和容忍度在很大程度上决定了跨文化交际能否成功。学习者要了解异域文化下的思维习惯、认知模式、合作态度等，同时还需对交际对象的文化背景、风俗习惯保持敏感和包容态度。在交际过程中，学习者往往从自身文化视角去审视他国文化，而不去探索文化背后的深层意义。应使学生通过直接学习、直接经验，以及参加培训项目等经历，加深对隐藏文化内涵深层的理解，站在对方角度去看待他们的文化，提高学生跨文化交际的敏锐度、宽容性和处理文化差异的灵活性，从而实现跨文化交际。因此，提高学习者批判吸收外来优秀文化、发扬优秀传统文化的能力，提高他们融会贯通中外文化的能力尤为重要，这既是中国外语教学中文化教学的发展趋势，也是跨文化外语教学的最终目标。

培养跨文化交际能力成为我们新时代英语教学的目标，这一目标的确定体现了英语社会功能的进一步演变，顺应了当今世界政治、经济、文化等的发展趋势，同时也是外语教学服务社会的需要。这一新的教学目标的实现要求我们更新外语教学观念，改革外语教学体系。

三、正确处理大学英语跨文化教学应面对的三种关系

（一）本土文化与英语文化的关系

在经济全球化的时代，英语被认为是全球化语言。作为全球通用的语言，它应该具有两个层面的意思：第一，它由全世界英语使用者共同享有；第二，它包括各种地域、文化特征的本土化的英语表达形式。

中国是世界上英语学习大国，对于中国英语学习者而言，学习英语一方面是为了了解

世界，同时也希望通过英语这个媒介，让世界来了解中国。因此，英语交流是双向式的，但是在我们现实的生活中，英语（主要指的是英美）文化对中国社会文化产生了重要的影响。象征着美国饮食文化的麦当劳、肯德基遍布中国大部分城市，引领时尚的美国流行音乐以及好莱坞影片备受年青一代的青睐，西方传统的节日如圣诞节、情人节开始在社会上盛行，甚至连英文名字也与一个人的社会地位有了某种联系等。

在强调英语文化和价值观的同时，中国传统文化的学习逐渐地淡化。由于中国本土文化的欠缺，使得中国英语学习者在表达中国特有的文化思想上存在困难。因此，如何处理好英语教学中传统文化与英语文化的关系是值得我们思考的问题。

（1）重视学生的母语和母语文化的学习。"语言反映一个民族的特征，它不仅包含着该民族的历史和文化背景，而且蕴藏着该民族对人生的看法、生活方式和思维方式。"对我们中国人而言，汉语是我们的母语，通过母语的学习使我们形成汉语的思维方式，使我们传承和发扬具有自己特色的文化。

（2）承认"中国英语"存在的客观性，并使其达到国际交流的目的。英语是世界性的语言，世界各地出现不同类型的英语变体，"中国英语"就是其中之一。但是在使用"中国英语"时要注意以下几点：第一，使"中国英语"具有可接受性，中国人在使用英语的时候应尽量地使之合乎英语语言的普通原则，使之为英语国家的人所接受；第二，要会用英语表达具有中国特色的文化，如清明节、洋务运动等；第三，如果在交际中出现与英语本族文化冲突的现象，要尽量地经过交流使之达到被英语为母语的人所理解，从而达到国际交际的目的。

（3）在英语教材的编写上，要适当地加入介绍中国文化的英语素材，而不是全盘地照搬体现西方价值观和文化观的素材。在英语课堂教学过程中，教师可以适当利用母语，有意识地对比分析母语和目的语之间的语言形式和文化背景，比较两种语言文化的异同点，加深学生对不同语言文化的理解。要积极地利用母语对英语教学的正迁移作用帮助学习者更好地掌握英语。

总之，在全球化时代，在我国英语教育中要平衡英语文化与中国传统文化的关系，在引进西方文化的同时，也不能忽视通过英语或者"中国英语"来保护我们的文化和向外宣传我们的文化。英语具有双向文化交流的功能，英语学习者可以通过英语学习培养跨文化交际能力、国际的理解能力，最终在全球多元的社会中生存、发展。

（二）英语功用性与人文性的关系

语言是交际的工具，更是人类文化的主要载体，是人类文明的集中体现。因此，英语具有功用性与人文性的双重价值。一方面，英语是人们用来认识世界、改造世界，进行交际交往的工具，具有功用价值；另一方面，英语又是人类用来进行文化传承、人文教育、人格塑造的途径，具有人文价值。学生通过人文知识学习语言，透过语言学习人文知识，在潜移默化中受其感染、暗示、引导，逐渐实现心理积淀，形成质文相宜的人文素质。英语之所以在中国社会流行，主要的原因是它非常具有使用价值。一个人的英语水平如何，直接与他的升学、留学、就业、职务职称晋升有着密切的联系，有时甚至与一个人的社会地位相关。在一个竞争激烈的商业化的社会里，"由于经济的快速发展，追求财物已成为社会的普遍价值。人们更倾向用急功近利的标准来衡量事物与行为"。在此背景下，中国人学习英语热潮呈持续状态，很多人急于求成来达到应试或求职的目的。实用性在学校的英语教育中占有重要地位，甚至在高校英语语言文学专业教育中也出现了"强调实用性课程，淡化语言文学课程"的趋势。北京外国语大学张中载教授曾尖锐地指出，在外语本身的功能性和市场经济功利的支配原则的影响下，外语教学极易倾向重"制器"轻"育人"，重"功利"轻"人文"。因此，学生的人文修养、人性的丰厚养育及提升，更是我们急需面对的。陈平原教授认为，大学的意义，不仅仅是科技进步，还包括精神建设。

考试和量化可以用来衡量外语的知识和技能，但却难以用来判断学生的人文素养。英语功用性的一面不可否认，但是不能忽视其人文性的一面。英语的功用性是紧密与社会的经济利益挂钩的，而整个社会是一个复杂的整体，包括政治、经济和文化诸多方面的内容。

在经济全球化背景下，各种文化相互地撞击、融合，中国与外面世界的交流是全方位的，在交流过程中文化起着重要的作用。而英语本身就是一种文化，一种与英语国家的历史传统与现实场景相联系的文化。正如美国语言学家 Kachru 所言的"一个国家的语言、文化和教育是相互联系的，如果无视特殊的文化背景和国情，孤立看待语言问题会迷失语言的整体性"。

诗人艾略特曾一针见血地指出："个人要求更多的教育，不是为了智慧，而是为了维持下去，国家要求更多的教育，是为了要胜过其他国家，一个阶层要求更多的教育，是为了要胜过其他阶层，或者至少不被其他阶层所胜过。"

英语教学不仅仅是强调语言技能的教学，更应该重视英语文化内涵的理解，培养学习者的跨文化意识、跨文化敏感性、跨文化的价值观以及国际理解能力等。21世纪是一个全球化、多元文化共存的时代，作为现代社会的公民应该学会与来自不同社会背景、文化背景、不同政治制度国家的人相处，而英语是全球化的语言，英语学习的主要目的之一是为了理解异国的文化与社会，了解世界和中西文化的差异，拓宽视野，促进个体在多元文化的社会中生存与发展。因此，在跨文化教学的过程中，要提倡拓展英语文学、文化课程的开设，强调运用人文意识引导法、人文品格分析法等方法对学生渗透人文素养，使得英语教学中的功用性与人文性相统一。

（三）语言教学与文化教学的关系

早在20世纪70年代，Kenneth Chastain 就指出，外语教学中要考虑文化教学，原因有二：第一，和另一种语言的人进行交往的能力，不但依赖于语言技能，而且依赖于对文化的习惯和期望值的理解。第二，跨文化理解本身也是现代教育的一个基本目标。如果学习一门外语没有领悟其深厚的文化，同样，所有的努力也是徒劳的。不管是哪一个民族的传统文化与生活方式，民族心理和宗教信仰，乃至各种特定的思维模式，均依赖于语言得以成形、积累、发展和传承。

语言与文化息息相关。语言学习的过程也是文化学习的过程。一个民族的语言总是反映和表达这个民族的文化，不学习文化，也就很难学通语言。从语言和文化的关系来看，语言承载着文化，同时又是文化的重要组成部分。民族语言与民族文化一一相对应。语言与文化血肉相连，互相影响、互相作用，难解难分。

不了解文化就难以理解语言，要理解文化又必须有良好的语言做基础。只有扎实的语言基础，才能理解和体验语言中所蕴藏的深刻文化内涵。对于语言是文化不可分割的一部分，学生的理解也比较一致。

从目前大学英语整体的教学情况来看，语言与文化这种相辅相成的关系还是有失平衡的。教师对语言的"工具性"强调得过多，在实际的教学计划、教学设计和教学要求中，忽略了语言不可能孤立存在的这一事实，人为地削弱了文化教学，将语言与文化或文学加以隔离。长期以来，此种教学模式导致学生将学习重点放在语法、词汇和做相关的考试型的练习上，而对语境下的篇章理解和听说交际能力普遍表现薄弱，因此，正确认识和处理语言教学与文化教学的关系尤为重要。

第一，语言教学与文化教学的过程是同时共进的。教师在语言教学的同时也必须进行相应的文化教学，表现在语言学得和习得机制与文化学得和习得机制是协调一致、同步进行的。正如盛炎指出的那样，在第二语言的学习过程中往往会形成一种"自我疆界"，第二文化学习的目的就在于要超越这种"疆界"，或者使这种"自我疆界"得到扩展，达到消除这两种文化接触时所产生的障碍，使学习者能够设身处地地站在以目的语为母语的人的位置上，思考问题、处理问题，解决问题，达到真正移情的理想境界，获得全新的"自我认同"。

第二，语言教学与文化教学具有相互依存性，互为条件、互为补充。要了解一种文化必先了解其语言，要了解一种语言也必须了解这一语言所赖以生存的文化。因此，离开语言教学的文化教学就会成为无米之炊，无本之源。而脱离文化教学的语言教学内容势必枯燥、乏味，无法激发学生应有的学习兴趣。从能力培养方面来看，单单讲授语言知识而不进行相应文化知识的教学，学生只能具备最为基本的语言能力，而不能得体有效地运用语言，成功地进行跨文化交际，达不到提高跨文化交际能力的目的，从培养机制来看，文化教学以语言教学为基础和前提条件，同时又对语言教学起着"反拨"与检验的作用，能够促进语言教学，夯实语言基础，提高交际能力。文化教学能够提高语言教学的深度和广度和语言教学的质量。

第三，语言教学和文化教学相互兼容，不可分离。语言和文化融合为一体的事实使我们相信，无论我们采用什么语言教学方法，都会自然而然导致文化教学。现代教育理念认为，外语教学只有把语言教学与文化教学合二为一，才是现代意义上真正的教学。国内学者李润新曾用化学公式形象地把语言教学与文化教学之间相互兼容、彼此融合的关系表达为：语言 + 文化 + 教师（催化剂）= 语言交际能力（有机化合物）。

只有语言教学与文化教学有机结合，才能达到外语教学的最高目的，使学生在教育的过程中真正获得跨文化交际能力。

第二节　跨文化交际能力培养的情感体系

跨文化交际能力的情感层面包括对不确定性的容忍度、灵活性、共情能力、悬置判断的能力等。为了愉快有效地进行交际，跨文化外语教学必须注重培养学生对异国文化的兴趣，使他们乐于了解外国文化，要以开放、欣赏的态度对待异国文化。因此，跨文化外语教学不能再像以前那样单纯地把目的语文化导入到教学中，而是要进行双语文化的交叉交际教学。学生不仅仅要了解目的语文化和母语文化知识，更重要的是他们要学会如何用英语表达这些文化，使他们已经掌握的文化知识内化、生长成为他们自己独有的、具有个性化的精神财富。中外文化兼容并蓄，学生的文化理解能力就会提高，学生的评价能力和整合能力就能日趋完善，学生就能学会用敏锐的洞察力和恰当的移情能力理性地、批判性地接收各种文化信息，以博大的胸怀和高度的智慧妥当处理不可避免的各种中外文化冲突。

一、英汉文化并重，消除"中国文化失语症"的影响

众所周知，在世界走向中国，中国也走向世界的今天，我们在借鉴和吸收外国的先进技术和文化精华的同时，也要向全世界介绍自己的优秀文化和科技成果。但现实的进展情况却与社会发展的需求与愿望存在着很大差距，我们不难看到：有许多能讲满嘴洋文的大学毕业生不仅对外国的历史文化、社会习俗知之不多，而且对本民族的传统文化习俗也知之甚少，更不用说用英语表达，"中国文化失语症"现象在国际交流中频频现身。因此，要让中国走向世界，我们要学会用英语来表达中国传统文化中独有的现象和思想。

Kramsch 反对外语教学中普遍存在的"同化"原则，并提出了自己的见解。她认为在外语教学中，文化教学不应该是认同采纳的过程，而应以"增强意识"为主。文化教学的目的并非秉承异化原则，而是要让学习者在习得外语知识和文化过程中，通过"跨文化对话"提高跨文化交流意识和跨文化交际能力，最终实现本族文化与外来文化之间的互动交流和融合。

外语教学中文化教学的目的并不是要让学习者归化于目的语文化（即削减性学习），也不是两种文化在学习者身上的简单的累加（即附加性学习），而是要让母语文化和第二文化在学习者身上形成互动，让学习者具备文化创造力。

注重将西方文化教学有机地融入英语语言教学之中，并遵从"双向文化知识"导入的原则。在目的语文化与母语文化并重的教学环境中，汉语文化和英语民族文化在学习者身

上形成互动，学习者由此产生文化创造力，他们加深并拓宽了对汉语文化的认识，并且对英语民族文化也有了较深刻的理解，帮助学习者在立足于本土文化的基础上培养和提高跨文化意识和跨文化交际的能力。

因此，教育主管部门及教师应该注重引导学生在用英语进行跨文化交流的过程中正视中国文化的主体性和保持一定的文化道德底线，实现消除"中国文化失语症"的影响。

（一）发挥教育主管部门的监督引导作用

教育主管部门首先要做到与时俱进，时刻注意世界发展的动态，收集和掌握跨文化交际活动的各种详尽信息，采取措施，引起各部门、各学校以及各领域专家对于跨文化交际的重视和合作，将用英语表达中国文化的重要性记录在各类文件和大纲中，充分发挥其在文化教学方面的监督引导作用，并使其呈现在不同英语教学层次的测试之中，要在英语教学中实现中国文化教育的传授，要求各相关部门、各相关领域的专家学者以及各教学单位共同协作、相互沟通，将所制定的有关政策切实地实施起来。

（二）提高教师自身的文化素养和教学水平

从调查来看，英语教师无论在中国文化修养，还是在中国文化的英语表达方面都存在一定的知识亏空，这无疑对其教学产生了一定的影响。教师需要拥有较强的中西文化背景知识，并能够有意识地帮助学生具备平等的文化观，从而培养学生能够使用英语表达中国文化，并有效地提高教学效果。教师不仅应该具备这种文化素养和宏观意识，还应该注重微观方面的具体教学操作过程。例如，教师可以通过比较两种文化，向学生介绍一些中国文化的英语表达方法，来平衡外来文化与本族文化之间的讲授比例，同时按照实际需要给学生以小组合作学习的方式分配一定数量的文化对比作业任务，使学生有意识地认识到自己的"文化缺陷"，并能够做出相应的弥补和改善，进一步强化他们对两种文化的理解，使他们能够更多、更加自如地运用外语来表达本族文化，掌握相关的知识结构和表述方式，最终生成陈申所提到的文化创造力，即"在外语教育中，通过本族语（文化）及目的语（文化）的对比学习，逐步获得的一种创造力"。

（三）提高学生参与跨文化交际活动的主动性

参与外教课和类似于模拟真实生活情境的教学活动可以培养学生参与跨文化交际活动的主动性，感受跨文化交际活动的深刻意义。学校和教师还应该鼓励学生积极参加国际性的各种跨文化交流活动。例如，国际合作机会的增加使中国有机会举办各种国际性赛事、国际性会议以及其他大型活动，而这些活动往往需要大量的工作人员和志愿者，这为学生提供了难得的参与到真实的跨文化交流中的机会，教师和学生都要多注意收集这些资讯，并能够主动地参加各种跨文化交流的活动。

学生具备良好的中英语言和文化基础知识和技能，并能够积极参与跨文化交际活动，从而既能够认识到中国文化愈来愈受到世界关注，同时他们又能够意识到中国文化英语表达的困难之处，进而能够自觉地产生对本族文化的高度认同和敏感接受，并能够积极地增强用英语表达母语文化的能力，建立进行跨文化交际的自信心，最终实现有效传播中国文化的目的。

二、消除母语的负迁移，发挥母语正迁移作用

学习一种语言就是学习这种文化(Learning a language is learning a culture)。从本质上说，大学英语教学是通过东西方两种文化的交流和融合，在学生早已形成的汉语语言文化背景中移入英语语言文化，最终使学生拥有双语能力，并能够了解两种文化不同的思考方式的过程。在学生的汉语文化背景已经形成的情况下，汉语的文化迁移在英语学习中会不可避免地发生。那么如何在大学英语教学中营造一种"文化语言氛围"，既注重强调技能培养，又加强语言的客观文化背景、交际环境以及思维方式的差异的学习，使学生在实际语言交际中避免不得体现象或尴尬局面，已经成为大学英语教学改革面临的一个重要课题。

在学习过程中，学生已有知识对新知识学习发生影响的现象被称作迁移，促进新知识学习的迁移称为正迁移，阻碍新知识学习的迁移被称为负迁移。行为主义心理学认为，学习者母语习惯负迁移是外语学习中所犯的错误或遇到的障碍的原因所致。此处的文化迁移是指由文化差异而引起的文化干扰，其表现为在跨文化交际中，或外语学习时，人们不由自主地用自己的文化准则和价值观念指导自己的言行和思想，并以此为准则去评判他人的言行和思想。

文化迁移主要表现为语言使用不得体。这种不得体会使人们在交际过程中交流不顺、产生误解，甚至引起冲突与仇恨，因此要重视这种迁移，要逐步提高语言学习者的文化素养，认真学习英语国家的文化知识，提高语言学习者的文化敏感性，逐渐消除文化迁移对英语学习与使用的影响。

因此大学英语跨文化教学应努力设法预测学习过程中可能会出现的文化迁移，通过对英汉两种语言进行分析比较，减少汉语文化的负迁移，正确地利用母语正迁移的作用，促进汉语文化的正迁移，从而提高大学生的英语语言交际能力。在消除母语的负迁移，发挥母语正迁移作用方面，黄运亭的如下尝试值得借鉴：

（一）重视英汉语言文化与大学英语教学的关系

正如邓炎昌、刘润清曾指出的那样，所学语言的文化与所学语言密切相关，熟悉与语言密切相关的文化知识，有助于保证使用这门语言的整体性。教师应高度重视英汉文化因素在大学英语跨文化教学过程中的重要性，提高学生对英、汉文化差异的敏感性和适应性，树立文化意识，在传授语言知识的同时传授文化知识，根据学生的现有水平、接受能力和理解能力，确定文化学习的内容。同时，教师作为教学过程中主要的组织者和指导者，切忌在文化功能的传授中面面俱到。

（二）大学英语教学应与文化教学相结合

语言作为音义结合的符号系统，会随时间、空间和社会需要的变化而产生不同的变体，在外语教学中，可从语音、词汇、句法和篇章等具体层面建构语言的文化功能。同时可以让学生通过听、说、读、写、看电影、看录像、举办外国文化知识专题讲座等具体的语言实践了解英语国家的文化知识。另外，可通过汉语与英语的对比，有意识地探讨两个语种的语言结构和文化内涵之间的异同，从而帮助学生逐步形成跨文化交际的意识和文化敏感性。在比较的基础上，精选出英语文化中主流文化的内容和承载有比较突出的文化特征的内容，如文化习俗、饮食习惯、地理特征、宗教信仰、词语掌故、历史事实等内容的材料予以专门讲解分析，进而促进外语教学。

（二）大学英语教学要培养学生的文化意识

文化蕴藏于语音、语法、词汇、对话、篇章，乃至认知模式的各个层面。在大学英语教学中，学生应循序渐进，而不偶然、盲目、无目的地接触西方文化，为此，教师应根据各阶段教学过程的特点，通过进行英汉文化的系统对比，使学生有意识、有目的地了解英语的思维和认知模式。

在教学中，教师应注意搜集、积累并充分利用外语文化背景知识和社会风俗习惯的实例。实际上，许多语言材料都以家庭成员之间、朋友之间的交往接触为素材，如果结合录音、录像进行教学，一定会使学生产生犹如与人面对面交谈的临场感。教师在教学中还应指明其文化意义和在使用中的文化规约，这种文化背景知识的教学不仅会使学生对所学内容有更深刻的理解，而且会极大地促进教学质量的提高。

此外，教师还可以鼓励和引导学生在课外有选择地看一些原版电影和录像片，可以在圣诞节、复活节等一些西方特有的节日里开展一些课外活动，让学生充分了解西方人的风俗、习惯和礼仪等，以培养学生的跨文化意识和良好的学习习惯。

三、树立平等观、加强学生文化移情能力的培养

世界各国的文化各自有其产生与发展的历史渊源与理由，各具特色且彼此平等，共同构成了世界文化。因此，跨文化外语教学中，外语教师要注重教育学生充分认识世界文化的特性，帮助学生树立语言、文化平等观，增强学生的多元文化意识，加强学生文化移情能力的培养，使学生能够以平等的心态来对待外国文化，以科学的标准去把握中国传统文化，去除对母语文化的优越感和已经形成的对异国文化的偏见或成见。

（一）树立平等意识

在不同文化接触过程中，要了解、尊重彼此的文化，宽容地对待文化的不同点，只有这样才能实现不同文化之间的真正交流与理解。跨文化交际是两种或者两种以上不同文化之间相互交流的过程，交流双方应该充分了解对方的文化特点，尊重对方的文化习惯，相

互体谅，促进交流。在跨文化教学中，应注意平等意识的建立，参与交流的双方在交流过程中都是平等地位，任何片面的权威或者独占真理以及固执己见、差强人意都是错误的。

任何一种文化都有其能够长期持续发展的原因。没有一种文化可以凌驾于其他文化之上。对于不同的事物，要协调它们之间的不同，达到和谐统一，从而促进其发展，形成不同的新事物。因为事物是不同的，因此在其相互交流过程中会发展创新。如果所有事物都是相同的，那就不会有发展，也就不会有新事物的出现。事实上，不同的文化一方面要保持自己所特有的特色，另一方面要相互交流、融合，形成一种动态的平衡。

学习外语是进行跨文化交际的需要，其目的主要有两个：一个是能够与所学外语的使用者成功地进行交流，从而了解、学习他们文化的精髓，另一个是用所学外语准确地介绍、传播本民族的文化特征，让世界更好地了解本民族，从而减少在跨文化交际过程中所产生的误解、冲突。因此任何放弃本民族的文化特征而去单纯学习外语的观点都是错误的。每一种文化都有其独特的优点和长处，都是人类解决各种问题的经验总结。当前世界经济日益全球化，各国文化日益多元化，在跨文化交际过程中，每一种文化都应该取长补短，不断充实自己。在跨文化教学中，学生应该重视西方文化的学习，因为西方文化对于学生来说是很陌生、以前没有接触过的新事物，但是不应该唯西方文化为尊而否认本民族文化的优点。在跨文化交际过程中，要彼此尊重，在平等的基础上进行交流，相互比较、鉴别，相互吸收、融合，共同发展。

为了适应多元文化时代的需要，我们必须打破母语文化与目的语文化的桎梏，容忍、尊重和理解文化差异，积极寻找文化之间的共性，树立语言文化平等观，在动态的交际语境中，不断调整文化参考框架，不断地相互协商，积极地建构跨文化交际的过程，从而实现共同期待的交际目标。在外语教学中，我们应该让学生接触不同模式的文化，而非单一的目的语文化，以便增长他们的见识，培养学生主动地、动态地去"适应"多元文化交际的意识和能力，最终实现人文性的外语教学目标。

（二）培养学生的文化移情能力

1. 文化移情

文化移情是指在跨文化交际过程中，交际者自觉地站在对方立场上思考问题，有意识地超越本民族文化的定势思维模式，突破自身文化的约束，从另一种文化的角度来思考问题，从而能真实地感受、领悟和理解另一种文化。文化移情是跨文化交际中的一种有效的沟通交流能力，是连接交际者的语言、文化和情感的纽带。

Ruben 指出，在有效的跨文化交际过程中，文化移情能力是指交际者尽量置身于另一种文化模式中，设身处地地去思考、通过语言和非语言行为去体验、去表达，从而向交际另一方表明已经充分理解其交际内容。文化移情主要表现在两个方面。一个方面是语言语用移情，指的是说话者刻意地使用某些语言向听话者传达自己的某种心态和意图，以使听话者准确地领会说话者的话语含义；另一个方面是社会语用移情，指的是交际者都要自觉地站到对方立场上，尊重彼此的文化习俗，宽容彼此的文化不同点。一个具有良好文化移情能力的人应该是与时俱进的学习者并持有态度开放的文化价值观。

文化移情能力直接影响着跨文化交际是否能顺利进行。由于文化差异，人们的文化取向、价值观念、宗教信仰、伦理规范、思维方式、生活方式和习惯等都不相同，在跨文化交际过程中，不可避免地会产生文化冲突，如果交际者文化移情能力强，他就能摆脱自身文化所形成的定式思维，从而自觉地避免不必要的文化冲突，保证交际的顺利进行。

2. 文化移情的必要性

自人类出现后，人类实践活动不断地向广度和深度拓展。世界各民族在相对独立的环境下各自发展，形成了各具特色的文化。各民族的文化都植根于本民族的土壤，都具有鲜明的民族特色。各民族在社会背景、政治和经济制度、文化传统、习俗等方面具有自己的民族特质，同样地，在民族意识和语言文化上也呈现出很大的差异性。交际者已习惯于本民族经过长期积淀而形成的语言模式和交际模式，在跨文化交际中，如果没有文化移情的意识和能力，很可能以本民族的交际模式同来自其他民族文化的人进行交际，最终可能因文化的不同而导致隔膜、误读乃至冲突。例如，中国人一般在得知亲人或朋友生重病住院后，会在第一时间赶过去慰问，以表关切，而病人见到来慰问的亲人或朋友也会感觉很温暖。而美国人在同样的情形下可能会考虑尽量少些打扰病人，而病人本身也希望多些静养。可想而知，如果中国朋友得知美国朋友重病住院，中国朋友按照中华民族的传统文化模式急匆匆跑去探望，打扰了美国朋友休息，反而会遭到美国朋友的反感。因此，交际者必须具备文化移情的意识和能力，才能在跨文化交际中冲破文化障碍，减少误会及文化冲突，达到有效交流和沟通的目的。

3. 文化移情能力的培养

要具备文化移情能力，首先应该注重培养交际主体的文化敏感性和宽容性。主体首先应该把交际客体视为与主体在文化价值观、信仰、态度、思维方式、审美方式、行为方式等诸多方面都存在着差异性的对象。为了避免文化碰撞，交际主体必须了解对方文化中所奉行的社会规范和语用规则等。提高跨文化交际中的文化敏感性，主要在于提高感知的敏感性。跨文化交际中产生的问题，首先是由感知方式的差异引起的。跨文化交际研究专家Samovar 等人认为，有 5 种社会文化因素，即信仰、价值观、心态系统、世界观和社会组织，对感知产生着直接而重大的影响。具体来说，要移情，如果有可能，最好能到对方的国家生活一段时间，熟悉他们生活的方方面面。例如，语言在实际生活中的使用、风俗习惯、文化传统等。如果没有到对方国家生活的机会，可以通过看电视、录像、图片和书籍等来增加自己对对方文化的认识。每种文化都有自身的渊源及特点，它同语言一样无高低优劣之分。交际者应避免成见与偏见，与对方建立平等的关系。只有对异国文化不断增加理解，并对其持尊重和宽容的态度，跨越心理上的障碍，才能真正实现移情。在跨文化交际中实现移情要经历 6 个步骤：一是承认差异。世界是多元化的，不同的人看世界是不一样的，因此个人与文化之间存在大量差异。二是认识自我。对自己的优缺点有一个客观的评价。三是悬置自我。想象自己是任意的界域，是超出自我和世界的部分。四是体验对方。想象自己处在别人的位置上，设身处地，真正体验、理解另一种文化。五是准备移情。做好移情准备，要与时俱进，并持有态度开放的文化价值观。六是重建自我。在享受另一种文化所带来的激情与欢乐的同时，交际者要对自己本民族的文化有着清醒的认识，要认识到自己本民族文化的优势。

总之，文化移情是达到在多元文化之间进行有效沟通的重要途径。在跨文化交际中跨越文化障碍，成功地进行交际，就必须借助文化移情。因为文化具有平等性，文化移情必须坚持适度原则。每个民族都应该积极维护民族尊严，不卑不亢。在外语教学中，需重视对学习者文化移情能力的培养。外语教师宜在正确的文化移情理论指导下，利用课外时间，通过适当的实践活动，使学生置身于英语的气氛中，从而增强学生运用英语语言知识和其文化知识的能力。这样的实践活动很多，例如观看英文原版影视作品，举办英语演讲比赛、英语征文比赛、英语书法比赛，学唱英语歌曲，背诵英语诗歌，开设英语广播，发行英语手抄报，英语板报，举办英语晚会，组织英语角等。现在网络很发达，学生也可以通过网络与外国友人聊天、交笔友等。这些实践活动可以强化学生文化移情意识、锻炼学生文化移情能力，从而使受教育者适应全球化态势下的多元文化交流需要，保证跨文化交际顺利完成。

四、建立跨文化交际意识，提高文化认同度

在英语教学中，大部分学生都能够生成符合语法或句法规则的句子，但其表达方式往往无法做到"地道"二字。这是因为这些缺乏英语味道的句子恰恰忽视了习得语言中的文化因素，从而导致交际失败。这主要是由于交际双方未能达成文化认同而造成的。

文化认同是个人对于自身的文化及所依附的文化群体产生的归属感，并在此基础上获取个体文化，同时对其加以保留与丰富的社会心理过程。文化认同涵盖了对社会价值规范、宗教信仰、风俗习惯、语言、艺术等方面的认同感。日益频繁的国际合作使各国家、各民族之间的关系更加紧密。不同民族一方面不断地壮大和创新自身文化，另一方面又都在潜移默化地与其他文化进行密切的交流和互动。在这一过程中，人们不断地对本族文化和异族文化进行异同对比并对此产生深入的认识和了解。不同民族之间以寻找共同话语为前提，放弃或变革一些原有的看法和行事标准，达成求同存异的目的，同时还要加强自身文化自觉性，树立跨文化交际意识，增强对于本民族文化的认同感，确保本民族文化的生存发展权利。

在跨文化交际中，人类需要在不同民族的交往中建立相互的文化认同感，从而克服跨文化交流中遇到的阻碍。

文化认同是人类在对自然认知基础上的提升，可以对人类行事准则和价值取向产生决

定性影响，它是人类对于文化的内涵产生的共识与认可。基于此，文化认同经常作为语用原则指导具体的跨文化交际活动。

马冬虹认为进行外语教学时，教师应该自觉地对中西文化进行对比，着重介绍中国文化，让学生充分地了解优秀的中国文化，并能够注意引发学生的民族自豪感，指导学生完成中国文化的英语表达，借此推动中国的传统民族文化精华在国际上的传播。同时，英语教学可以让学生更加了解世界和中国，而精通跨文化知识的学生能够让世界更加了解中国，让中国优秀文化走向世界。本族文化的接受往往是一种潜意识的状态，由于缺乏有意识的引导和刺激，人们几乎不会反思自己赖以生存的文化，即使偶尔有类似的想法，也常常困惑于文化现象的繁杂无序，从此望而却步。进行文化教学就是为了加强学生对本族文化的了解和掌握，防止学生产生民族中心主义思想，帮助他们理性地认识自身的价值取向和行事习惯，进而培养他们养成开放、灵活的思维模式。费孝通认为文化自觉需要经历一个艰巨的过程，认识自己的文化是前提条件，然后再了解周围的多元文化，才能够在现今的多层次文化世界里定位自己，自觉地适应多元文化的存在，并和各种文化不断地碰撞和交流互补，共创一个普遍认可的、集各方之长、和谐发展的交际秩序和共处守则。

五、注重英汉语言文化、思维方式的异同分析

经过几个世纪的探索与发展，外语教学在不断地走向完善，人们也日渐意识到，了解目的语言的特点是学好外语的前提，而了解目的语言的特点最有效的方法是与母语进行比较，发现并熟悉各自语言的特点，加以科学的分析，找到其差异的因素，这不仅有助于确定教学的重点和难点，增强教学的预见性和针对性，并能有效地提高教学效果。

我国著名语言学家吕叔湘指出，让学生认识英语和汉语的差别，对中国学生学习英语具有巨大的作用。教学过程中，在词形、词义、语法范畴、句子结构等具体问题方面，都要尽量进行英汉两种语言的比较，通过比较使学生获得更深刻的领会。然而，实际的外语教学通常要借助多种方法，如直接法和对比分析法。直接法强调学生直接接受外语，让学习者摆脱母语的影响，主要通过模仿来学习外语。这一方法主要适用于针对儿童的外语教学的初级阶段，因为儿童受到母语的影响还不是很显著，通过直接法可以培养学习者用外语进行思维和交际的能力，获得较强的外语语感，在听说能力方面的效果特别显著。但是对于年龄较大的学习者，特别是面临纷繁复杂的语言现象的学习者，直接法并不能达到显著的效果，因为母语的干扰阻碍了学生的模仿能力和接受能力，妨碍了学习者外语水平的提高，这时对比分析法无疑更适用于这些学习者，特别是两种语言表述、文化内涵、思维方式的对比分析。通过这些对比分析，学习者不仅可以排除母语的干扰，还可以克服盲目性，增强自觉性，提高外语水平和应用外语交际能力，做到"知彼知己，百战不殆"。

中西文化和思维方式差异在英汉语言的表现，如，西方的理性思维与中国的悟性思维是英语与汉语的哲学背景。这一深层差异必然表现在用词、造句、成章的各个方面，如，

英语较常受亚里士多德的演绎法逻辑思维模式的影响，常用"突显"语序，常用形合法、结构被动式和概括笼统的抽象性词语，注重显性衔接、语法关系和语义逻辑，注重形式接应，"前呼后应"，喜欢词语和结构的主从分明、长短交错和替代变换，表达方式上呈现出比较严谨、精确，模糊性较小，歧义现象较少等特点，用词造句方面能够遵守严格的词法和句法，造句成章也服从某种逻辑规则，适合于科学思维和理性思维。汉语常用意合法、意念被动句和生动具体的形象性词语，常采用非演绎式的、往往是领悟式的归纳型、经验式的临摹型或螺旋式、漫谈式的思维模式，注重时间先后和事理顺序，常用"自然"语序，注重隐性连贯，常常只把事情或意思排列起来，让读者自己去领悟其间的关系，注重语流的整体感，喜欢词语和结构的整体匀称、成双成对、对偶排比和同义反复，表达方式注重整体性，较多依赖语境，中国人习惯于整体领悟，常常通过语感、语境、悟性和"约定俗成"来表达和理解语句。

教学中，对英汉两种语言进行对比分析，不仅会对教学起到积极的促进作用，对语言交际的顺利进行也十分有利。在对比分析的过程中，人们对英语和母语的各自特性能够获得更进一步的认识，对不同语言各自的表现形式和方法给予更多的注意，因而，在进行交际时，就能够有意识地顺应这些差异，避免表达失误，最终达到交际的目的。

第三节　跨文化交际能力培养的行为体系

跨文化交际能力的行为层面包括解决问题的能力、建立关系的能力、在跨文化情境中完成任务的能力。良好的个人文化适应和人际互动，应能帮助人们在跨文化情境中有效地完成工作任务。在跨文化外语教学中，教材的选用与教学策略的运用等行为体系直接影响学生跨文化交际能力的培养，是影响任务完成情况的关键因素。

一、确定大学英语跨文化教学教材编写特色

教材是教学内容的主要承载者，是教师和学生教与学的主要依据和向导，是完成教学任务，培养学生跨文化交际能力的关键。

因此，教材选材时，既要考虑提高跨文化交际能力所能涉及的各个方面，又要注意设计形式多样的练习对学生在纷繁复杂的跨文化语境中进行交际所需要的各种技能加以训练。如从跨文化知识的导入入手，解释语言表达中的文化内涵，扩大与文化有关的知识面，通过案例分析与点评，提高学生的全球意识与跨文化敏感度，通过情景模拟、角色扮演等让学生接触各种跨文化语境中的跨文化冲突，以培养学生观察与分析跨文化问题的能力，最后进入培养学生观察跨文化生活或工作环境中的文化问题。如各媒体所报道的新闻，或通过各种调查，或在实习中观察跨文化语境等。这些方法都是提高学生实际能力的关键要

素与途径。如果教师在课堂中忽视这一教学环节，那就不可能真正提高学生的跨文化交际能力，或只能提高学生的跨文化意识或跨文化敏感度。外语教学只有进入在现实语境中培养学生跨文化交际能力阶段，学生的知识积累和跨文化意识才能得以应用与体现，也才能将知识转换成跨文化交际能力。

（一）教材应体现文化内容与语言内容的自然融合

大学英语跨文化教学教材内容的编排应以文化主题为单位，在每一个部分中都重点突出文化，突出语言，在文化的潜移默化中，让学生更好地、灵活、牢固地掌握语言的使用。正如张红玲所说"语言内容和文化内容有机地结合，是跨文化交际外语教学的核心思想。语言和文化同为教学的目的和手段，两者不可分割。在教材中，系统的文化主题构成教材的主线，而语言教学的内容实际上与这些文化内容融合一体"。

教材要充分考虑学生学习外语的需求、语言环境、知识结构和层次等多方面因素，蕴涵社会习俗、历史、宗教，特别是价值观等方面内容，介绍西方不同国家的文化元素和中国传统文化，融入中西文化对比研究，让学生学会如何对待差异。

教材要有助于培养学生的批判性思维技能。要求学生以一种审视的眼光与批判的思维方式，看待目标语国家事务，体验与本国文化不同之处。培养学生如何进行有效文化沟通。教材包含和传授的内容要充满积极的、使人奋发向上的精神，要将人类优秀的文化、高尚的思想道德通过语言潜移默化地传授给学生，要对学生世界观和价值观的形成产生深远的影响。

教材在题材的选取上要处理好以下几个方面：

（1）适当地介绍目的语国家的历史、民族构成、政府机构、政治情况、经济发展与教育情况的基本特点，使学习者对于目的语文化有着较为全面的了解。

（2）选取母语文化中较为独特的优秀的侧面，增强目的语文化与本族文化的对比，培养学生对于文化差异的感知力和敏感性。

（3）尽力夸张文化的对比，使其不仅局限于本族文化与目的语文化的对比，还可以与其他非主流文化和主流文化进行对比，让学生对非主流文化和主流文化产生同样的理解和尊重。

（二）教材内容安排应循序渐进且多面化

文化的复杂性、动态性和多层次性，决定了文化教学内容的安排不能只是古板的说教或是传授过知识后，就一劳永逸。以文化为主题编写的教材须是有渐进性的、可操作性的，能弹性循环进行教学。唯有这样，学生对文化的体验与认识才能不断地理解和深化。

教材内容的呈现要按照由浅入深，由表及里，从已知到未知，从具体到抽象的序列进行安排，课程内容在不同阶段上重复出现，范围逐渐扩大，程度不断加深。跨文化学科的教材要具备系统性、一致性、层次性、前沿性以及时效性的特点，注重与时俱进，编排体系既体现西方国家的人文精神，又映衬出国内对人才需求理念所发生的重大转变，既注重人文关怀，又要满足人文素质培养的现实需求。

（三）教材选用注重教学材料的真实化、语境化、多样化

张红玲指出，能适合跨文化外语教学的教材，一定要遵循教学材料真实化与语境化的原则。因为只有真实的语言教学材料才能真的刺激学习者对所学的内容和过程在认知、心理、态度和行为层面产生反应，才能让学生真实体验到跨文化交际过程。所谓教学材料的真实性就是指能在现实生活中使用，而不是单单为了教学而设计。语言与文化是密不可分的两者，越来越多的语言学者和教育学家都认同，任何一种语言都不能脱离特定文化下的语境。只有在考虑语境的情况下，语言的表达与理解才能充分与准确。

因此，跨文化外语教学材料的选用既要密切结合学生生活，找到学生的关注点和兴趣点，又要使教材中的文化内容真实化和语境化，既呈现各种文化知识，又体现人文精神。具体地说，文章的选取要原汁原味，语言流利、自然，话题紧扣主题，涉及东西方文化差异、沟通技能、文化知识等，所有的语境也均是在目标语使用的环境中，所有的信息都是在有文化意义的系统中进行传递。

通过设计相关跨文化意识和技能的练习，选用大量跨文化交际实践案例对学生进行综合训练，使学生运用语言知识、文化知识、实践语境（案例／模拟），结合具体的文化事例，模拟经历文化适应过程。通过案例进行交际实践，培养学生的跨文化敏感性、宽容性和处理问题的灵活性。

教材要系统地将跨文化动态人际关系的构建与跨文化交际知识和实践紧密结合，内容要体现文化的多元性，视角的多重性，问题的多样性以及回答的灵活性。如跨文化交际领域所涉及的语言知识和非语言知识、不同国家的文化差异、不同民族的思维方式以及价值观的异同，民族中心主义、文化歧视问题和思维定式等因素对跨文化交际的影响，以及跨文化调适与适应等内容。这种跨文化关系的建构侧重培养学生相对文化论的观点，处理文化冲突和调适时的态度和情感，使学习者能够换位思考，以友好的态度看待多元文化，有助于学习者深入了解认知其他国家民族的文化，突破文化单一论的局限，帮助学生理解语言与行为、价值体系与行为规范的关系，使学习者能够透过现象把书本知识和现实生活密切联系起来，从根本上了解和熟知本族文化与异族文化的异同和根源所在。最终，学习者能够以开放、包容的态度对待异文化，对不同民族的文化价值观、风俗习惯、行为方式以及思维模式从不同的角度进行思考和评价。最后，通过案例分析，以模拟训练的形式，使学生在课堂教学中体验真实的跨文化交际，为学生实现跨文化交际可能遇到的问题提供解决方法、指导和实践经验。

（四）加强教材与练习的编排设计，促进学生自主学习

张红玲曾提出跨文化外语教学中的 10 条原则，其中特别强调的是在实施跨文化外语

教学时，要实行以"学习者为中心，引导学习者自主学习为主的教学模式"。庄智象也明确提出"练习设计则更应按教学和认知要求设计，应具备趣味性、互动性、针对性，服务并促进文化和语言的习得"。

教材内容的编排设计十分重要，既要有趣味性，能激发学生的学习兴趣，又要有针对性，使学生对设定的教学目标一目了然，让学生学得明白，透彻。在练习的设计中，要安排让学生自行组成小组进行讨论与分析的部分，让学生有空间去充分思考与审视文化因素，既能促进互动，又可体现较高的学生参与性。练习中要注重实践方法，为学生创造情景、语境，让学生在身临其境中去体验与感受，甚至去 Role-play，让学生在模拟的情景与语境中去分析、讨论和运用，提高学生学习的自觉性和自主学习的能力。教材中安排学生自主完成的练习，围绕单元技能或主题补充学生课外知识，使学生扩大知识面，对不同文化有更深入的认识和理解。

跨文化交际的课堂中，常用的教学方法有注解法、融合法、实践法、比较法和专门讲解法。还可以利用文化讲座、关键事件、文化包、文化群、模拟游戏等方法强化教材中文化内容的学习，使教材内容的选配适合采取不同的教学方法，使教学形式更加灵活多样，易被学生接受而不致僵化乏味。

二、大学英语跨文化教学策略运用

世界文化多元化及跨文化交际的迅猛发展对外语跨文化教学提出了新的挑战和更高的要求。跨文化交际能力的培养已成为新世纪跨文化教学的主要目标，自觉的跨文化意识以及对异族文化的敏感性和洞察力，是跨文化人必备的素质。为此，加大力度研究跨文化教学策略，培养学生的跨文化交际能力已成为跨文化教学的重中之重。

（一）加强教师的跨文化训练

世界经济全球化和文化多元化进程的快速发展，使得语言的使用更多地脱离开语言发展原有的社会文化环境。在非母语环境中使用时，该语言必然要经历再语境化的过程，这期间，此语言与一种与其本族文化不同的文化发生了关系并相互作用，造就一种新的交际模式。我们可以看到，发生变化的不仅仅是交际进行的大环境，从本族文化和社会到地方文化和社会，各种交际环境都在发生变化。很多以该语言作为外语使用的人会有意识或无意识地把自己文化中的价值观念、行为规范和交际模式应用到外语交际中，使得语言使用的小环境（其中包括对交际场景、交际者之间的关系、有效交际和礼貌交际的态度等）也发生了变化。总而言之，语言一旦脱离本族文化，经历再语境化，就会与地方文化发生联系，这就为外语教学中跨文化培训的开展提供了条件和机会，并使其成为可能和必然。

（二）创设课外文化学习环境，培养学生自主学习的能力

自主学习已经成为学者们争相探讨的一个话题。对于什么是自主学习，学者们各有所

见。Dickinson 认为，自主学习是一种对自己的学习做出决策的责任的态度表明，又是一种对独立学习的学习过程的决策和反思的能力。Littlewood 指出自主学习指学生独立做出选择，想对自己的学习负责的愿望，是学生的动机和信心。同时自主学习也是学生能够选择并且自己学习这些知识的能力，是学生的选择能力与执行能力。也就是说，学习者的动机和信心决定了他们独立行动的愿望，其知识和技能的程度则决定了他们独立学习的能力。Wenden 则更加明确地告诉我们，成功的学习者之所以成功，之所以具有专门知识和技能，之所以具有才智，主要是因为他们学会了学习，掌握了学习策略，具备了有关学习的知识和技能，能够独立于教师充满信心地、灵活恰当地运用所掌握的知识和技能，他们完全是自主的。

第七章 跨文化背景下大学英语教学实践应用研究

第一节 "微资源"在大学英语跨文化教学中的应用

随着经济全球化、文化多元化的趋势不断增加，跨文化交流已成为一种必然的趋势。然而，中西方文化的差异在一定程度上给语言交流带来了困难。因此，如何引导学生用英语进行跨文化交流是大学英语教师要攻克的难题。"微课""微信""微电影"等"微资源"的出现加速了跨文化教学的改革，并形成一股强大推动力，对英语跨文化教学产生颠覆性影响。

英语作为全球化的一门语言，在国际社会的政治、经济和文化等领域起了非常重要的作用。语言是文化的载体，语言和文化密不可分。英语教师应当把语言和文化两者结合起来进行跨文化教学，这正是当今外语界值得探究的重要问题。

联合国教科文组织在 1992 年首次明确提出跨文化教育的定义。它是指对具有某一文化的学习者群体进行关于其他文化的教育活动，从而使这些学习者能获取丰富全面的跨文化知识。同时，联合国教科文组织对跨文化教学提出了更高的要求，指出跨文化教学应重点关注跨文化知识传播、跨文化理解与交流，以及开放、尊重、宽容的跨文化态度的培养。但由于我国高校的跨文化教育一直受到传统教学模式的影响，侧重强调培养学生的语言能力，而忽略了文化教学，没有将跨文化知识渗透到日常教学中，不利于培养学生的跨文化交际能力。

"微课""微博""微信""微电影"等各种微资源的出现促进了跨文化教学中教学理念、教学方法等的改革，有助于学生对多元文化的学习和交融，为大学英语跨文化教学营造了动态环境。

一、"微资源"应用于英语跨文化教学的优势

所谓"微资源"是指一切具有微型特征的资源，如"微博""微信""微课""微视频"等，它是从微观的角度入手，形成特有的传播、共享和反馈机制，从而实现各种"微应用"。随着高校英语教学中"微资源"的不断涌现，跨文化教学也迎来崭新一页。将"微

资源"应用于英语跨文化教学，有明显的优势。

优化知识点，提供高质量教学内容。教师要制作出 20 分钟左右的微视频，必须优化和浓缩知识点，将知识点精华呈现在微视频中。同时还培养了教师加工、总结、升华自身知识内涵的能力。此外为了使学生在短时间内有效地学习，教师将"微资源"应用于跨文化教学，通过视觉、听觉的感知，促进学生对跨文化知识信息的获得和感悟。

丰富学习资源，有利于学生的可持续发展。在传统的跨文化教学中，教师是知识和信息的唯一传授者，也是学生获得文化知识的主要渠道。由于教师个人的专业功底、知识储备量和知识掌握程度等不同，可能会造成教学水平不同的现象。"微资源"的引入可以很好地打破这一局限。教师通过网络搜索跨文化知识相关的资料和视频等，将简短完整且丰富的教学内容呈现在学生面前。在课后，学生可以通过各种信息技术，对所学内容不断地进行反思，加深对跨文化知识的理解。可见，采用"微资源"教学能够为学生提供丰富的学习资源，从而促进学生的可持续发展。

培养求异思维，发展创新能力。众所周知，人的创造力主要取决于求异思维。从事跨文化教学的教师难以将所有学生的思维带到统一模式。通过微资源平台的线上线下功能，让学生掌握中西文化差异是教师布置给学生的重要任务。学生在完成过程中，求异思维和创造能力都得到了培养。他们通过积极思考问题和主动探索知识，最终将自己独特思维的成果展现在微资源平台中。

二、"微资源"与跨文化教学的有效契合

创设情境触及兴趣点。兴趣是学生自主学习、积极思考、发展创新的强大动力。在跨文化教学中，应当创造性地理解和把握教材，利用微资源，适时将文字、图片、视频和动画等信息进行加工处理，通过微课、微电影等恰当地加以呈现。介绍相关的文化背景知识，提出学习目标，巧妙地创设问题情境，触及兴趣点，激发学生跨文化学习兴趣和欲望，保持旺盛的学习积极性。

如，讲解 *Happy Halloween* 一文，用事先做好的"Halloween"微电影导入新课。映入眼帘的是一个南瓜灯和身穿奇装异服的"鬼怪们"，同时配上诡异的音乐，把万圣节的特色呈现出来：起源、象征物、习俗（"trick or treat"不给糖就捣蛋）等。上课伊始，老师利用微电影短视频，突破了时间限制和地域限制，仿佛让学生当场感受到了万圣节的一切，瞬间吊起学生的胃口，激发了学生学习课文的兴趣。此外，教师还可以通过微资源适时补充一些中西方传统节日的由来及习俗，进行对比，使学生了解中西方节日文化差异，促进学生的跨文化理解与交流。

强化内容优化知识点。跨文化教学教材主题多样，内容丰富，但任何一门课程，任何一个单元，都会有教学重难点。如何让学生明确知识重难点，从而掌握最精华的部分。教师们可以通过每节课制作一个微课短视频的方式，优化和浓缩知识点，将知识点精华呈现

在微视频中。教师将自己的跨文化知识拆分成若干个小的知识点，再用简短精练的视频呈现出来，这些丰富的学习资源为学生自主学习提供了很好的平台。此外，为了使学生在短时间内有效地学习，教师将微资源应用于跨文化教学，通过视觉、听觉的感知，促进学生对跨文化知识信息的获得和感悟。

如，讲解《Intercultural Barrier》一文，主要是跨文化障碍方面的内容。如果教师照本宣科逐字逐句翻译文章，既枯燥无味，又无法提高学生的跨文化水平。如果能通过微课短视频的展示，将文章中出现的主要的跨文化障碍通过图片等形式展现出来，既能够强化重要的学习内容，又能优化知识点的精华部分。此外，如果还能通过微资源将中西方的主要文化差异和文化障碍用英文归纳出来，既提高了学生的英文水平，又能引导学生知道如何学习和面对异国文化，如何借鉴外来文化来提升本国文化。

线上线下加强互动点。将微资源引入跨文化教学，师生可以充分利用网络的线上和线下功能，实时地进行跨文化知识点的交流和探讨。教师可以线上线下随时跟踪学生的跨文化学习情况，有效地督促学生的学习，提高了跨文化教学的有效性。此外学生可以通过各种微资源，随时随地进行学习，培养自主学习能力。

如讲解 Culture and Word Meaning 一文，让学生在课前准备中西方词汇在不同场合的含义，然后发布到微信公众平台与大家共享，从而达到了很好的预习效果。比如与 dog 有关词的含义及文化内涵，"Every dog has its day."（人人都有走运的一天）；"a lucky dog"（一位幸运儿）；"Love me, love my dog."（爱屋及乌）等。在课堂上，教师可以将比较经典的文化及词义进行讲解和深化。课后师生通过微信平台进行线上交流和讨论，加强了师生互动性。

综上所述，微课、微信、微电影等各种"微资源"对促进大学英语跨文化教学有诸多好处，它已成为学生熟悉的"微活动"。将各种"微资源"有效融入英语跨文化教学中，能够创造一个动态的教与学的环境，实现现实课堂与虚拟课堂的交互，发挥学生的主体性作用，培养学生的自主学习和终身学习能力，从而提高学生的文化素养和跨文化交际水平。

"微资源"应用于跨文化教学，其创新之处就是将信息技术辅助教学与网络平台技术结合，弥补了以教师讲授为主的传统教学模式的不足。跨文化知识的教与学在一定程度上不受时间与地点的限制，形成"动态"的教学模式。同时还能够培养学生养成个性化的学习习惯，提升自主学习能力，使"微语言""微阅读"成为常态，"微交流"成为更直接的互动方式。教师通过"微资源"平台进行跨文化教学，引导学生积极思考中西文化差异，并且愿意接受和理解文化的多样性，培养学生用正确的态度和信念去看待世界各民族文化。此外，可以引导学生正确理解中西文化差异，消除中西文化歧见。教师的跨文化教学应当侧重告诉学生如何对待和借鉴外来文化，通过跨文化知识的学习，让我们更多地了解世界文化，同时也让世界人民更多地了解中国文化。

第二节 英语动画电影在跨文化意识教学中的应用

近年来，多媒体技术在大学课堂教学中的应用越来越普及。同时，对智能手机和微信等功能日益强大的网络交互媒介的使用基本覆盖了大学师生群体。因此，大学英语教学不应仅仅依靠传统的写黑板、读教材等旧有方式，尤其是对学生的跨文化交际能力培养时，更应与时俱进，开拓创新。这也使大学英语课堂的跨文化教学中引入英语动画电影成为可能。

一、跨文化教学中引入英文动画片教学的优势

独特地道的语言。首先，动画影片主要受众为少年儿童，其本身的人生阅历尚不够丰富，不足以支撑跌宕烧脑的剧情和相应复杂的语言逻辑。因此，相对好莱坞大片，动画影片中的语言不会过于复杂，对于有一定英语基础的学习者更易于理解。

其次，配音工作对于一部动画电影能否成功可谓举足轻重。相比真人电影，动画人物的塑造很大程度上要依赖于生动的配音来演绎。因而，优秀的动画电影对于角色配音非常考究，配音演员都是吐字清晰，发音标准。像迪士尼出品的很多大制作都会邀请好莱坞知名演员来为角色配音。

不仅如此，优秀的动画电影中也会体现出语言的丰富多样。比如迪士尼出品的《勇敢传说》，故事背景设定在中世纪时期苏格兰地区的一个小王国，主要角色说的英语都会有苏格兰口音。

魅力多彩的内容。随着计算机三维动画以及电影 3D 技术的应用，如今动画电影以其轻松活泼的形式、幽默夸张的人物表情、清新向上的主题、寓意深刻的剧情、精致如真的画面再加上优美的电影配乐，吸引的不仅是少年儿童；甚至于成年人，为了缓解工作生活的压力，也对优秀的动画电影颇为青睐。而对大学生这一青少年群体来说，动画电影也是极具吸引力。

丰富的文化内涵。很多制作精良的优秀英语动画影片多取材于欧美广为流传的童话、神话、民间传说以及历史故事。如在 2015 大热的由迪士尼和皮克斯动画联合出品的《冰雪奇缘》就改编自著名的安徒生童话中的冰雪女王；《埃及王子》则改编自《圣经》旧约中的《出埃及记》的故事。故事内容也会突出某一社会文化主题，以反映欧美人的信仰、世界观、价值观，如《赛车总动员 3》中突出了所有人都应该勇于自己的梦想，不应因年迈或胆怯而放弃，通过努力麻雀也会变凤凰，就像剧中的新角色"酷姐"一样，这也完全切合了"美国梦"这一美国核心文化。

二、教学中英语动画电影的应用策略

课前选题要合适。要把英语动画影片引入大学英语教学首先要做到因材施教，要根据学生的特点，去选择能反映读写或听说教学内容的影片。例如，《新视野大学英语读写教程1》unit 2 的主题是"代沟"问题，text A 中主人公 Sandy 和父母在思维和观念等方面的冲突通过日常琐事得意充分体现。在这一课的教学设计中可以引入迪士尼出品的动画影片《勇敢传说》。剧中主人公也是一个处于青春期的女孩——Merida，一位自以为勇敢，个性张扬的公主。为了反抗母亲的管教，结果用巫术误把母亲变成了一头熊。回想起成长过程中母亲对她的种种关爱，这让她悔恨万分。最后通过勇敢地承认错误并弥补错误而就救回了母亲，这让她真正明白了"勇敢"的真谛。这非常有助于学生理解英美文化中的民主、自由的核心价值观，以及个体个性和家庭观念之间的融合。而在听说课程中，教学目标是提高学习者的跨文化交际能力。那么在选择时，应以语言丰富，且对白为日常会话为主的影片。像英国动画影片《小羊肖恩》系列，剧中基本没有语言对白，就不太适合作为听说教学的素材。

课堂安排要合理。建构主义认为，教师不再只是知识的传授者，而要成为教学的设计者，教师应善于挖掘素材，创设各种探究式问题，培养学生从不同角度去思考、判断和解决问题，在对问题的解决过程中学会学习，学会思考，学会创新。为了达到预期教学效果，教师可事先在班级 QQ 群或微信群发布准备任务，指导学生搜索影片的历史背景、故事主题等相关数据。例如，播放《埃及王子》前，可以让学生查找《圣经》中《出埃及》和摩西十诫等资料，这对学生领悟影片内容，了解西方文化非常有益。在播放影片时，教师可以将相关的文化信息和英语词汇发布在群里，学生可以实时利用智能手机了解信息，辅助理解。教师可以根据教学需要和课堂时间安排剪切电影，重点选取主题鲜明、对白典型的片段以 PPT 的形式供学生欣赏或讨论。

课后拓展要合情。影片播放完了，并不代表学生的任务已经完成。教师应该根据具体影片的不同特点、学生的语言能力和教学目的，将学生的学习延伸到课下。如书写观后感、文化现象的作文以及 role play 等个人或小组活动，借以巩固提高。

电影是文化的传播者，是现实生活的浓缩与升华，它综合反映了一个国家和民族的生活方式、风俗习惯、文化历史和思维方式。英文动画电影正是西方文化的丰富载体，在文化内容的展现上具有不可替代的真实性和广泛性。只要教师认真设计教学过程，英文动画电影必将成为大学英语跨文化教学中不可或缺的宝贵资源。

第三节　协作学习在跨文化英语教学中的应用

大学英语教学的目标已经日益由传统的应试教育向提高学生综合英语能力水平的方向

转变，如何提升学生的英语文化水平以及日常交际能力是目前大学英语改革的一个重要方向，学校增设了多门英语选修课程，跨文化交际就是其中的一门课程，针对日常教学中遇到的一些问题，为了提高教学效率，将教育学中的协作学习模式引入其中，并对日常教授的2个班级进行实践，取得了较好的教学效果。

目前学生学习英语，主要的目的是通过一些相关的等级考试，学生普遍学习热情不高，课堂气氛不活跃，学生的学习方式也是传统的教师课堂教，学生课后背的一种模式，虽然考试通过率有一定的保障，但这无疑大大限制了学生的发展，因为学生的重心只是为了考试，不注重对英语文化的背景研究，口语得不到锻炼，对英语的实用性掌握非常不到位。为了提升学生的综合能力，学校相应的设置一些英语方面的选修课，其中跨文化交际就是本人所教授的，该门课程注重对西方国家的一些背景的研究，东西方文化的差异使得语言在不通的文化背景下，会产生很多种不同的意义，让学生了解各种英语文化的起源，并让学生学习好口语，我对该门课程做了很认真的备课，该门课程在刚开始的时候，学生对该课尚有新鲜感，有一定的学习热情，可时间久了，慢慢就出现了一些问题。学生的学习效果差，口语锻炼时，相互之间不敢开口，大大降低了学生的学习热情。本人所带的2个班级，一个班级为中国学生，另一个班级为留学生，留学生多为英美国家的学生，他们是为了学习汉语，我认真思考了授课中遇到的困惑，忽然产生了想法，本身跨文化交际这门课就是研究外语与中文之间的差异和共同点，中国学生学习英文但苦于无法锻炼口语，而留学生学习中文，也苦于无法锻炼自己的汉语口语，那我为何不将这2个班的学生进行组合，混合编排成一个班级，进行授课呢。出于以上的考虑，我决定进行合班，而教育学的协作学习模式又恰恰符合这个班级的特点。

通过查阅教育学的相关资料，协作学习模式是基于建构主义的一种学习理论，也是最近比较流行的一种学习模式，他通过让学生通过协作的形式，通过课堂上老师讲授，下达教学任务，同学相互合作，相互探讨，来达到学习的目的，在目前的信息化技术水平高速发展的今天，这种通过小组或者小团队的形式进行学习的方式，越来越受到大众的欢迎。目前的协作学习模式主要体现方式有如下三种：（1）竞争模式，让学生组成一个小组，在学习完毕之后相互竞争，小组内成员互相竞争，提高学生的学习积极性。（2）协同模式，主要是让一个小组内的学生相互协作，在学习时遇到不会的内容时，相互指导，互相促进，更好地提升学习效果，增加了学生的体验性。（3）辩论模式，该种学习方法较为激进，教师课前需要准备好一系列的问题，到课堂中提出问题，让学生利用掌握的知识在课堂上以辩论的模式，来进行学习。

针对我所教授的2个班级，根据协作学习的理论，我将留学生与中国学习编排在一起，对其教授跨文化交流这门课程，设置了与课程有关的问题，以中英文两个版本的模式，向学生提问，让学生在课堂上自由辩论，留学生回答问题，必须用中文问答，而中国学生用中文回答，刚开始实施的时候，我发现这种教学方式，是个特别有趣的过程，课堂的气氛十分活跃，而且学生也拥有了相当大的积极性，让学生适应需要一个过程，在连续上了十多节课后，大家已经慢慢适应了这个过程，与留学生之间的沟通也日益多了起来，学生也敢于用英文跟留学生对话了，而留学生也可以用中文跟中国学生进行交流，课堂取得了不错的效果，随着课时的不断深入，一些问题也慢慢显现出来，由于 2 个班级合上，学生由原来一个班级的 24 名学生变成了一个班 48 名学生，学生人数的增加，队友课堂纪律的把控成了一个问题，而协作学习模式理论认为，利用协作学习模式进行教学，学生的人数不宜过多，一般控制在 24 人左右，人数过多会直接影响到协作学习的效果。而且人数过多，小组也无法划分。课堂的纪律由刚开始的活跃慢慢变成了不可掌控的局势，而且虽然学生的口语以及词汇方面取得了突破，但在摸底考试中，学生的成绩并不是很理想。

根据教学中出现的问题，我进行了反思，重新对授课模式进行改进，首先对学生进行能力测试，根据学生的能力进行重新编排学习小组。利用考试成绩，我进行了小组的差异性编排，4 个人一个小组，一组 2 个留学生 2 个中国学生，其中 1 个中国学生和一个留学生成绩水平处于前列的，另外 2 个人成绩属于相对一般的，这样由成绩好的学生来带动成绩一般的学生，是初步的设计思路。另外根据教程，我详细设置了课堂中的讨论问题，根据学习的进度，设置了相应的课堂讨论问题，问题分为几种：一种为抢答问题与测试问题类，学生可以根据回答问题的情况获得一定的积分，最后积分多的，为优胜组，与其他优胜组进行竞赛，这种方式，主要是为了他提高学生的竞争氛围，小组成员相互竞争，提高学生的学习积极性。第二种为讨论题，学生根据老师设置的问题，进行小组讨论，轮流发言，根据不同的问题来获得不同的知识，在遇到不会的单词或者句型时，同一小组的同学可以互相帮忙，相互指导，相互促进，增加了学生的体验性。第三种为辩论题目，学生以小组的模式进行辩论，中国学生以英文辩论，留学生则以中文应对，在辩论的同时，相互学习，中国学生能够更好地体验到原汁原味的英语，对外国的文化得到切身的体验，留学生也能锻炼中文水平。

通过一学期的实践，期末考试之后，我对学生的成绩进行了统计，学生的成绩相对上学期平均分提高了 12 分左右，班级有 16 名学生通过了 4 级英语考试，针对教学的结果，我设置了调查问卷，一共分发出 48 份，回收了 39 份，其中大多数同学都对该种教学模式表示满意，认为与留学生一起上课，大大提升了学习的兴趣，很多同学认为，自己平时比较害怕的听力考试，现在应付起来得心应手，英语成绩也得到了较大的提高，取得了比较满意的课堂效果，英语课由原来的不想上，上课昏昏沉沉，到现在的主要要求上课，课堂的考勤率也大大提高，基本上没有出现过学生逃课的情况。留学生也反映，自己的中文水平得到了很大的提高，自己在课堂中的所学，能够方便地应用到日常的生活中去，与人的沟通也得到了很大的进步，现在基本上都能流利地用中文与人交流。通过跨文化交际这门课程，能够很好地了解到 2 国不同的学习和文化的背景，所学习的知识不再是课本上的死板的知识，对风俗民情都得到了很好的了解，对英语的文化也得到了一些了解，不同的词语，在不同的语气和不同的场合下，会有不同的意思，通过学习这门课程，大大拓宽了学生的眼界，也丰富了学生的课外知识，在应对写作的时候，不再是只言片语，大多数学生都能够自如地应用一些句子和谚语，写出来的文章，不再是很生硬的中国式英语，表述清晰明朗，对单词的运用也是得心应手，取得了较好的教学效果。

综上所述，我认为协作学习模式在大学英语跨文化交际的教学中，是可以应用的，而且取得了不错的效果，当然一学期的时间也有局限性，在日后的教学中，会进一步实践和完善，更好地为教学服务。

第四节　多模态隐喻在跨文化英语教学中的应用

隐喻不仅仅存在于文字中，还存在于图像和声音中，这就构成了多模态隐喻。以电影《阿凡达》和《让子弹飞》为例，从图像、颜色、声音、动作及文字符号模态入手进行多模态隐喻分析，进而总结出多模态隐喻的文化共同性表现为以共同的源域映射相同的目标域意义；多模态隐喻的文化差异性体现在源域结构的文化特性以及基于相同源域结构的认知意象的文化特性。中外文影片中的多模态隐喻分析可以为语言跨文化教学提供一个新的视角。

一、多模态隐喻研究

隐喻是人类认知和体验世界的产物，即是人们通过身体体验来实现从某一特定领域向另一领域的认知映射。当前的隐喻研究已摆脱了以修辞学为基础的传统隐喻学的束缚，并与人类的认知思维活动结合起来，从传统的辞格和语义研究进入了一个新的认知领域，大大加速了人们解读隐喻、认知与现实世界关系的进程。而多模态隐喻理论的提出则从本质上丰富了 Lakoff 和 Johnson 的概念隐喻理论，把隐喻研究从言语层面拓展到了非言语层面，拓宽了隐喻研究的范畴。

模态是在人类感知过程中形成的一种可阐释的符号系统。视觉、听觉、味觉、触觉和嗅觉是人体验世界的五大基本模态。Charles Forceville 把模态进一步划分为九类，即图像符号、文字符号、口头符号、手势语、声音、音乐、嗅觉、味觉和触觉。他认为单模态隐喻指其目标域和源域完全或主要以单一模态来呈现，而多模态隐喻的目标域和源域则涉及不同的模态。从广义上来说，有两种及以上模态共同参与构建的隐喻就可以称为多模态隐喻。

目前，多模态隐喻研究主要体现在基于 Forceville 的多模态隐喻理论进行的理论综述研究以及多模态隐喻理论在具体语类（如广告、漫画、影视作品、演讲等）中的应用型研究。本节将以多模态隐喻与文化的关系为切入点，借助影视作品进行举例分析，将影视作品更好地应用于语言跨文化教学。

二、多模态隐喻与文化认知模式的关系

文化模式是指某一社会群体共享的关于认知世界的模式，该模式在文化成员理解世界及其行为方面起着巨大的作用。文化模式的形成依赖于某一社会群体在特定环境中特有的经历或体验。在文化模式的制约下，该社会群体形成了其特有的思维方式、风俗习惯和文化传统。

隐喻与文化认知息息相关。文化模式建立在概念隐喻的基础上，反映隐喻的内在本质，而隐喻渗透于文化模式中，是文化模式的外在体现。Refaie 阐释了政治漫画中的多模态隐喻，指出多模态隐喻从源域向目标域映射的过程是复杂的，有时会传达出其特殊的文化意义。才亚楠在论述广告中的多模态隐喻时指出，多模态隐喻与文化认知模式之间存在相互作用和互动机制。一方面，多模态隐喻源域的结构往往受到不同社团文化规约；另一方面，具有普遍性的概念隐喻在不同文化中往往会激发不同心智意象。

无论在汉语中还是英语中，抽象思维主要是通过隐喻的方式来传达的。作为人类认知的重要手段，隐喻折射出人类特有的思维认知模式，因而隐喻的文化内涵不言而喻。对多模态隐喻的研究可以使我们深入挖掘其蕴含的文化内涵，加深了解哪些来自身体经验的隐喻具有共通性，而哪些则具有特定的文化特色，从而探索中西方文化的共通性和差异性。

三、多模态隐喻在英语跨文化教学中的应用

在大学英语跨文化教学过程中，多模态隐喻主要借助视觉模态和听觉模态进行隐喻意义的传达，从而使学生获取相关文化认知信息。在跨文化教学中，教师可以借助中西方影片为多媒体素材，分析影片中角色、图像、色调、肢体动作语言、音乐、音响及台词等模态，深入阐释中西方影片通过多模态隐喻折射出的中西方文化精髓。下文将以英语课堂中引用频率非常高的电影《阿凡达》和经典中文影片《让子弹飞》为例分析多模态隐喻是如何建构的及其对大学英语跨文化教学的启示。

（一）多模态隐喻的文化共性

不同民族和不同文化背景的人认识世界的心理过程具有共通性。虽然中西方人们生活的地域不同，但他们具有共同的身体体验和对世界的感知方式，这就决定了他们通过共同的身体体验实现多模态隐喻的文化共通性。例如，在影片《让子弹飞》一开始，出现了一只在天上自由翱翔的大鸟，张开双翼，从铁轨的上空飞过；而《阿凡达》中纳威人骑的类似翼龙的独特大鸟"伊卡兰"在潘多拉星球自由翱翔的镜头同样令人印象深刻。这两个镜头均配上了轻柔婉转的音乐，通过图像、声音等多模态方式表征出目标域"自由的理念"和源域"飞翔之鸟"间的关联性。"飞翔之鸟"为源域，通过中西方共同的思维体验进行加工，激活了"自由精神"为目标域的隐喻。又如，影片《让子弹飞》的结局中，张麻子和黄四郎在一片绿草地上互述衷肠，这是他们的最后一次交谈。周围绿油油的小草映射出

了"和平、宁静"的隐喻意义。在张麻子和黄四郎一次次的惊险对决之后，一切终归于平静。同样，《阿凡达》的潘多拉星球上长满了生机盎然的绿草。这些绿草与瀑布、鲜花交相辉映，隐喻了潘多拉星球的宁静与祥和。

因而，在英语跨文化教学中，教师可充分挖掘多模态隐喻体现的文化共性，帮助学生理解中西方相似或相同的认知特点。教师应引导学生去寻找两部影片中具有身体经验共通性的多模态隐喻，从而加深学生对文化普适性的直观印象，加深学生对中西方共同文化特点的理解。

（二）多模态隐喻的文化特性

某种社会文化中的社团成员要受到其中特定的价值观、民俗哲理、经验知识、文化传统、当地习俗等文化认知模式的影响，这就产生了多模态隐喻的文化差异性。

1. 多模态隐喻源域结构的文化特性

基于不同文化语境中认知模式的制约，影视作品中多模态隐喻的源域结构及其特点受到不同群体文化影响和制约。例如，影片《让子弹飞》中蕴含了丰富的具有中国特色的政治隐喻。以张麻子为首的麻匪们脸上戴着"筒子"的面具劫富济贫，并伴有"九筒""四筒"等台词同时响起。影片中的"筒子"通过受众者的思维能力映射出"革命志士"的意象。该隐喻源域结构受到中国文化认知模式的制约，表现出明显的民族文化特性。众所周知，麻将起源于三四千年前的中国，原属于贵族的一种休闲娱乐方式，后来慢慢流传到了民间，继而传到了国外。麻将文化盛传于华人文化圈中，是中国特有的文化现象。与其相关的概念深深植根于中华民族文化认知里，并渗透到隐喻的概念域中，构建出中国特有的文化认知。

《让子弹飞》中也涵盖了蕴含中国文化的台词隐喻。例如，黄四郎欲请客张麻子和汤师爷时，汤师爷的台词"鸿门宴"则映射出敌对势力间的居心叵测或暗藏杀机；黄四郎在见到张麻子和师爷后的台词"珠联璧合"则喻指张麻子和师爷的联合对其构成的潜在威胁；在张麻子带着钻石和师爷离开后黄四郎的一声"杀鸡取卵"则反映了其欲杀掉张麻子取回钻石的狡诈；黄四郎的经典台词"三步棋"表征出目标域"达到某一目标的战略"和源域"中国象棋的攻略"间的关系；在胡万假扮麻匪的真相被点破了之后，张麻子把胡万等六人的尸体作为麻匪的替死鬼埋在麻匪的火拼地点引来黄四郎上当，这一场景中师爷的最后一句"狸猫换太子"则喻示张麻子真假互换的计谋和胆识。这些具有中国文化特色的台词配上画面和手势，通过听觉和视觉的多重模态，展示出了中国特有的文化思维模式。

另外，该影片体现了富有中国文化特色的角色隐喻。影片通过图像、台词、文字和手势模态的结合刻画出一袭黑衣的土匪老大张麻子、身着北洋年代华丽服装而面露奸诈的霸主黄四郎、话语圆滑的汤师爷、地位卑微的县长夫人、风尘女子花姐等剧中人物。这些剧中主要人物或穿着北洋军阀时期的中式西服，或戴着这一时代特有的礼帽，一言一行极具中国文化特色，通过体验投射，分别喻指中国旧时革命派人士、手握实权的剥削阶级、兼具革命性和妥协性的民族资产阶级、旧社会弱势女性以及具有觉悟的中国革命女性。

西方影片《阿凡达》同样通过听觉和视觉的多重模态刻画出具有西方文化特色的纳威人。生活在潘多拉星球上的纳威人具有发光的双眼、竖长的耳朵、细长的头发、高颧骨以及全身的花纹。这一外部特征不禁让人联想到了美洲大陆的印第安人，因为两者具有相似的外表，而且印第安人也有文身和文面的习惯来庇护自己免受疾病和苦难的折磨。再者，纳威人的衣服也是简单质朴，主要是用布或树叶简单遮掩住隐私部位，这与美洲印第安人的服饰也极为相似。另外，纳威人身上佩戴有亮丽的饰品，如头饰、项饰、腰带、臂链、弓箭袋等，这些饰品一般用天然的石头或树叶制成，这也映射出印第安人佩戴饰品的习俗。由此可见，纳威人遭遇人类屠杀的情节便映射出了北美土著印第安人遭遇资本主义殖民侵略者欺压和杀戮的辛酸血泪史。这些具有古印第安文化特色的纳威人形象通过隐喻性思维加工，激活了"被殖民者"这一认知意象。

上述两部影片中充溢着多模态隐喻，其中的源域结构体现了中西方特有的文化。因而，教师在跨文化教学中的一个主要任务便是引入中西方影片中的多模态隐喻，剖析其具有文化特性的源域结构和特点，从而归类并整理出中西方特有的文化内涵，促使学生思考中西方的文化差异性。以影片中多模态隐喻为出发点的跨文化教学可以使学生通过多重模态深入感受到隐喻所呈现的文化内涵，以加深学生对中西文化差异的理解。

2. 多模态隐喻认知意象的文化特性

具有普遍性的概念隐喻在中西文化中往往会产生不同的认知模式。中西方影片中的多模态隐喻也体现在从相同特点的源域向不同文化内涵的认知意象间的映射。

例如，影片《让子弹飞》中张麻子和他的弟兄们剿匪归来受到了乡亲们的热烈欢迎，这也是最后一次正与反的对决。这时影片的背景颜色为红色，并伴有激昂的音乐。通过图像和音乐，受众基于自身体验可以推断出红色所喻指的"革命"之意。自从马列主义的火种传到中国之后，红色往往与中国革命志士们抛头颅洒热血的精神以及中国人爱国的赤诚之心紧密相连，因而，红色所传递出的"革命"喻义展示了中国特有的文化内涵。又如，在妓院黄四郎和花姐的对手戏中，柔和台词配上了红色的背景。这里的红色则喻指肉体的情欲和不洁。在中国中世纪，妓女的穿着打扮都是以红色为主色调来表明自己的身份，因而红色在中国文化中也逐渐演变成了一种情色的标志。影片《阿凡达》中潘多拉星球的背景以蓝色和绿色为主色调，并有红色等亮丽色的点缀，再配上画面中茂密的参天巨树、飘浮在空中的群山、色彩斑斓的茂密雨林以及纳威人快乐的呼喊声，展示出纳威人美好的原生态世界。影片《阿凡达》中的红色背景则和蓝色、绿色一起通过隐喻共同映射出"生态之美"的认知域。由此可见，《阿凡达》中的红色隐喻揭示了西方对人与自然和谐相处的重要性的认识。

另外，影片《让子弹飞》中张麻子和四个弟兄骑马胜利归来的场景运用了黄色背景，从人物的神情和配音可以推断出这里的黄色通过隐喻映射出"胜利、尊贵和庄严"之意。

黄色自中国隋唐起就成了帝王之色，只有皇氏家族才有权穿黄色的衣服，佩戴黄色的首饰，使用黄色的器具，因而黄色在中国文化中渐变成了尊贵与荣耀的象征。而影片《阿凡达》的人类世界则以暗黄色为背景，这里的黄色通过隐喻映射出"生态破坏"之意。影片通过黄色背景展示出了人类被破坏的生态环境与潘多拉星球的美好世界相距甚远，同时折射出了西方的生态文化，即西方人对生态破坏的忏悔和对和谐生机的向往。

再者，《让子弹飞》中小六子的葬礼上，张麻子、汤师爷及其弟兄们身穿黑衣，头戴白帽，手捧黑白两色鲜花，在坟墓前向小六子致敬。镜头中的白色通过隐喻映射出"哀悼、缅怀"的抽象概念。华夏文化中，殡葬时人们通常身穿白衣，头戴白帽，胸佩白花，腰系白带，来表达对逝者的敬意，白色因而蕴含了深厚的中国文化底蕴。同样，《阿凡达》中男主人公与纳威公主深情地相望相拥的场景以白色为主背景色调，并伴有浪漫的台词和优美的音乐。他们身后白色的背景通过受众者的思维能力，鲜明地映射出了男女主人纯洁质朴的爱情。这可以追溯到西方文化中白色是宙斯、圣灵、耶稣、圣母玛丽亚等的象征色彩。随后，白色成了教士服装的颜色，因而白色在西方文化中逐渐演变成了纯真的标志。

综上所述，相同的源域在不同的文化中映射出不同的隐喻意义，这为教师在跨文化教学实践中提供了启示。这就决定了跨文化教学的有效方法就是从多模态隐喻中相同的源域特点入手，分析其不同的隐喻意义及其蕴含的中西方文化特性。教师可以引导学生寻找中西方影视作品中相同的源域概念及其所映射的不同的目标域概念，并从中找出不同的目标域概念所折射出的中西方文化的特点。另外，教师也可以引领学生对比从相同源域到不同目标域的映射过程，分析其不同的映射过程所体现的中西方不同的思维特点。再者，教师也可和学生探讨不同的隐喻认知意象如何体现不同的文化特性，从源头上追溯中西方文化特性的成因。

语言和文化相辅相成，文化根植于语言中，而语言则反映出文化的内涵。因而大学英语教学不仅仅是语言表达和语法知识的教学，也涉及文化意识的培养和文化知识的传授。在现今时代，多媒体已越来越多地渗入了英语文化教学中。教师往往会借用中西方经典影片作为多媒体素材，引用影片中的台词来阐释中西方文化的异同点。事实上，多媒体素材不仅仅是以文字的形式呈现出来，而且是视觉模态和听觉模态共同结合的产物。因而，在英语跨文化教学中有必要挖掘出影片分别在图像、台词、角色、背景颜色、声音等方面的隐含意义，引导学生在欣赏中西方影片的同时，深刻把握中西方影片在多模态层面呈现出的文化隐喻意义，从而优化教学过程，并有效地促进英语教学中的文化导入。

参 考 文 献

[1] 杜春雷 . 实用商务英语函电 [M]. 南京：东南大学出版社，2014.

[2] 章振邦 . 新编英语语法教程 [M]. 上海：上海外语教育出版社，1998.

[3] 冯志伟 . 应用语言学综论 [M]. 广州：广东教育出版社，1999.

[4] 夏中华等 . 应用语言学—范畴与现况 [M]. 上海：学林出版社，2012.

[5] 皮特·科德，上海外国语学院外国语言文字研究所译 . 应用语言学导论 [M]. 上海：上海教育出版社，1983.

[6] 于根元 . 应用语言学前沿问题 [M]. 北京：中国经济出版社，2006.

[7] 于根元 . 应用语言学概论 [M]. 北京：商务印书馆，2003.

[8] 于根元 . 二十世纪的中国语言应用研究 [M]. 太原：书海出版社，1966.

[9] 廖七一 . 当代英国翻译理论 [M]. 武汉：湖北教育出版社，2001.

[10] 王克非，张美芳 .《翻译与翻译过程：理论与实践》导读 [M]. 北京：外语教学与研究出版社，2001.

[11] 文军，等 . 当代翻译理论著作评介 [M]. 成都：四川人民出版社，2002.

[12] 朱永生，严世清 . 系统功能语言学再思考 [M]. 上海：复旦大学出版社，2011.

[13] 曾文雄 . 语用学翻译研究 [M]. 武汉：武汉大学出版社，2007.

[14] 翁凤翔 . 当代国际商务英语翻译 [M]. 上海：上海交通大学出版社，2007.

[15] 彭建武 . 认知语言学研究 [M]. 青岛：中国海洋大学出版社，2005：12，225.

[16] 王寅 . 认知语言学探索 [M]. 重庆：重庆出版社，2005.

[17] 张美芳 . 翻译研究的功能途径 [M]. 上海：上海外语教育出版社，2005.

[18] 方梦之 . 翻译新论与实践 [M]. 青岛：青岛出版社，1999.

[19] 王克友 . 翻译过程与译文的演生——翻译的认识、语言、交际和意义观 [M]. 北京：中国社会科学出版社，2008.

[20] 从莱庭，徐鲁亚 . 西方修辞学 [M]. 上海：上海外语教育出版社，2007.